幼儿园园长专业发展与保教质量提升丛书

丛书主编　高丙成

幼儿园
内部管理智慧

主　编　秦旭芳　王亚萍

副主编　王　超　王淑青　亓　霞

教育科学出版社

·北　京·

丛书前言

园长是幼儿园的领导者、组织者、参与者、责任者、掌舵者，是一所幼儿园的灵魂，在推进学前教育事业发展、促进幼儿园园所改进、引领教师专业成长、实现幼儿健康成长等方面发挥着不可替代的作用。党中央、国务院高度重视园长队伍建设，出台了系列政策文件，引领园长队伍建设方向。各地认真贯彻落实，着力提升园长思想政治素质，不断提升园长专业素质能力，深化园长管理综合改革。我国幼儿园园长队伍建设取得了显著成绩，但是，由于受到各种因素影响，我国幼儿园园长队伍也存在着专业化水平不高、职业吸引力不强、结构分布不尽合理、保障机制不够完善等问题。

为了更好地贯彻落实《幼儿园园长专业标准》等相关文件精神，全面总结我国幼儿园园长专业发展的先进经验，梳理园长研究工作新进展，展示园长专业发展的创新做法，提炼园长专业发展的典型案例，归纳促进园长专业发展的思路方法，加快建设一支高素质、专业化、创新型的园长队伍，我们特别策划出版了这套丛书。

一、丛书出版的背景及价值

丛书坚持“服务决策”“指导实践”“创新理论”三位一体的整体推进思路，希望能够有助于促进幼儿园园长专业发展，助力《幼儿园园长专业标准》等政策落地生根，加强园长队伍建设成果转化。

（一）促进园长专业发展

近年来，我国学前教育事业改革发展实现了跨越式发展，幼儿园园长队伍建设也实现了量质齐升。幼儿园园长数量从2010年的16.1万人增长到2022年的30.0万人。园长专科以上学历占比从2010年的69.8%提高到2020年的92.7%。这支规模宏大的高素质专业化园长队伍，成为支撑世界上最大规模学前教育体系的“领头羊”。近年来，我国学前教育实现了基本普及的目标，人民群众对高质量学前教育的需求也随之升级，但面对新方向、新征程、新使命，园长队伍还不能完全适应。有调查发现，仅有六成的园长具有幼儿园教师资格，有16.90%的园长还不具备教师资格，13.08%的园长未参加过园长任职资格培训。[①]有的园长培训机会偏少，专业化发展受阻；有的园长职业认同感不高，思想政治素质有待加强；有的园长素质能力难以适应新时代人才培养需要。希望本套丛书的编写能够有助于园长加强对园长专业发展的认识和了解，主动维护幼儿合法权益，提高职业认同感和思想政治素质；有助于园长树立科学的儿童观和教育观，坚持正确办园方向，实施科学管理，提高执行力和领导力，推进幼儿园可持续发展；有助于园长树立终身学习的理念，优化专业知识结构，增强专业发展自觉，不断提升自身专业素质。

（二）助力相关政策落地

我国出台的一系列政策文件，对园长队伍建设提出了明确要求。如《国务院关于当前发展学前教育的若干意见》提出建立幼儿园园长和教师培训体系。《幼儿园教职工配备标准（暂行）》对幼儿园园长配备提出了明确要求。《幼儿园园长专业标准》对幼儿园合格园长专业素质提出了基本要求。《中共中央　国务院关于全面深化新时代教师队伍建设改革的意见》提出加大幼儿园园长的培训力度。《中共中央　国务院关于学前教育深化改革规范发展的

① 曲正伟.我国幼儿园园长队伍建设现状、问题及其发展对策：基于城区、镇区、乡村比较的视角[J].学前教育研究，2022（2）：27-44.

若干意见》提出严格执行幼儿园园长、教师专业标准，切实把好幼儿园园长、教师入口关，大规模培训幼儿园园长。这些政策措施的出台进一步明确了幼儿园园长队伍建设的目标，提出了园长队伍建设的基本要求，规定了园长队伍建设的重点任务，完善了园长队伍建设的体制机制。按照党中央、国务院的决策部署，各地围绕园长专业素养、园长培养培训、园长管理、园长待遇保障等进行了全方位的探索和实践，涌现出了许多园长队伍建设的先进做法、成功经验、典型案例等。我们期待通过本套丛书的出版，总结、提炼各地园长队伍建设的先进经验，分析梳理各地幼儿园园长队伍建设的成功做法，汇聚挖掘各地幼儿园园长队伍建设的典型案例，以期为园长队伍建设工作提供借鉴，为制定和完善幼儿园园长队伍建设相关政策与实施提供客观依据和研究支持。

（三）加强园长成果转化

近年来，园长队伍建设引起了社会各界人士的高度重视和广泛关注。研究者对园长准入与退出、园长专业发展、园长保障机制等进行了多方面的研究与探索，相关研究理论日渐丰富，学术水平不断提高。随着研究的深入，我们发现，无论是园长的任职资格制度、职务晋升制度、培训制度等政策性问题的研究，还是园长管理、园长专业发展、园长素养提升等实践性问题的研究，以及园长素养结构、专业发展阶段等理论性问题的研究，都还不够丰富，相关研究成果还难以有效满足服务决策、指导实践的要求。在本套丛书编写过程中，我们重点围绕园长专业发展相关的内容进行了全面系统的研究探讨，以期进一步深化园长队伍建设的研究领域，形成具有中国特色、中国风格、中国气派的园长队伍建设研究成果，更好地发挥园长队伍建设研究的实践引领作用，引导幼儿园园长有针对性地改进和优化幼儿园管理工作，更好地提升园长队伍建设研究的决策科学化水平，为建立健全园长队伍建设相关政策提供学术支持和研究依据。

二、丛书的主要内容

本丛书主要围绕幼儿园园长专业标准和工作职责展开，旨在反映成就、总结经验、发现问题、找准需求、分解任务、提供对策，为改善幼儿园园长工作、促进幼儿园园长专业发展、助力幼儿园质量提升与内涵发展提供借鉴。

本丛书共10册，主要内容如下。

1.《学前教育政策解读与实践应用》：本书紧扣国家学前教育政策的走向，突出实践性、时代性。通过对影响学前教育事业发展的国内和国际相关政策进行解读，努力反映当前国内外相关研究与实践新成果和发展新趋势，全面系统呈现从事幼儿园教育教学和管理工作所需要的法律法规知识、法律意识和素养，从而引导园长正确履行法定职责，增强依法治园的意识、水平和能力。

2.《学前教育研究新进展》：本书从幼儿园开展研究的视角，介绍了国内外儿童研究、教师研究、课程研究、量化与质化研究等领域的最新内容，并整合幼儿园研究案例，探讨了诸如反思性教师研究、课程领导力、课程游戏化、脑科学等对幼儿园园本研究带来的启示，兼具理论性与实操性。

3.《幼儿园发展规划的制定、实施与评估》：本书从理论与实践两个层面系统总结幼儿园发展规划的制订、实施与评估问题，旨在让园长从理念上明晰幼儿园发展规划的由来、理论基础，以及幼儿园发展规划主体的功能定位和主要策略，从实操角度明确幼儿园发展规划的内容结构、在操作实施和监测评估中可能遇到的问题及解决策略。本书在全国范围内精选若干幼儿园发展规划典型案例，并邀请相关专家进行点评。

4.《幼儿园文化建设的理论与策略》：本书在对国内外幼儿园文化建设相关理论与政策进行梳理分析的基础上，总结提炼幼儿园文化建设的实践策略与推进路径，介绍幼儿园文化建设的成绩、经验及问题，展望幼儿园文化建设的未来趋势，并提出相应的对策建议。本书在全国范围内精选若干个幼儿园文化建设的成功经验和典型案例，呈现幼儿园文化建设的缘起、过程与方法、内容框架、对策与展望等方面的创新做法实践成果，为园长工作提供新思路、新路径、新方法、新思考。

5.《幼儿园园本课程构建的探索与实践》：本书梳理了国内外幼儿园课程建设相关研究，分析了幼儿园课程建设有益经验及存在问题，在此基础上总结提炼了幼儿园课程建设的基本路径、实践策略、未来趋势。本书精选若干个在整体性课程、局部性特色课程或依托审定课程园本化等方面可借鉴的成功经验与典型案例，呈现课程建设的背景条件、过程与方法、基本要素等，为幼儿园园长提供幼儿园课程建设的新视角。

6.《幼儿园教师专业成长的理解与支持》：本书旨在引导幼儿园园长在理解教师专业成长规律、识别教师专业水平的基础上有效支持教师的专业成长。其中，在理解教师专业成长规律方面，从了解发展阶段、尊重发展差异和理解个体需求三个方面进行分析和论述；在识别教师专业成长水平方面，从评价教师发展水平、观察教师日常工作和倾听教师成长故事三个方面进行分析和论述；在有效支持教师专业成长方面，从发展规划具有针对性、培训活动强调有实效、教研活动聚焦真问题、日常保教重在共研究四个方面进行分析和论述。本书既强调理论学习，更强调基于理论学习后的实操，通过观察评价量表、培训需求调查表、教研步骤图等工具“手把手”地帮助园长引领教师的专业成长。

7.《幼儿园内部管理智慧》：本书以问题导向、理论切入、案例反思为写作脉络，形成幼儿园内部管理的基本结构与系统。书中不仅介绍了幼儿园内部管理的基本原理以及人事管理、课程与教科研管理、卫生保健与总务后勤管理等内容，还根据现实的管理工作增加了幼儿园发展与创新、公共关系、危机管理等模块，直面幼儿园内部管理中遇到的新问题。同时，本书在吸收经典幼儿园管理理论的基础上，借鉴了全国多所先进幼儿园内部管理的优秀案例，尽可能为幼儿园管理者提供具体的内部管理经验。

8.《幼儿园、家庭、社区协同共育的理论与实践》：本书分为理论篇和实践篇两个部分。在理论部分，从幼儿园、家庭、社区协同共育的相关政策指引、国际经验和国内现状三个方面进行梳理，提出幼儿园、家庭、社区协同共育的理性思考；在实践部分，从家园共育活动设计、家庭教育指导开展、家长与社区资源的开发与利用、家园社区协同共育的有效方法等方面介绍实践路径并精选案例，呈现家园社区协同共育的创新做法与实践成果。

9.《幼儿园安全风险防控实务》：本书在对国内外幼儿园安全风险防控相关理论与政策进行梳理分析的基础上，总结提炼幼儿园安全风险防控的实践策略与推进路径，介绍幼儿园安全风险防控取得的成绩、经验及存在的问题，展望幼儿园安全风险防控的未来趋势，并提出相应的对策建议。同时，在全国范围内精选若干个幼儿园安全风险防控典型案例，呈现幼儿园安全风险防控的缘起、过程与方法、内容框架、对策与展望等方面的创新做法，并邀请相关专家进行点评，为幼儿园安全管理工作提供参考和借鉴。

10.《幼儿园教研的理论与实践》：本书在总结整理国内外幼儿园教研的相关理论与政策文件的基础上，对幼儿园教研工作的性质和基本形态等进行概述，梳理幼儿园教研工作的理论，介绍国内幼儿园教研工作开展的现状，并从全国范围内精选幼儿园教研工作典型案例，呈现幼儿园教研工作的思路与方法，探讨幼儿园教研工作的重难点与创新点，总结梳理幼儿园教研工作的成功经验，反思幼儿园教研工作存在的不足之处，为我国幼儿园教研工作营造新氛围，总结新理论，把握新方向，带来新思考，推广新方法，推进我国幼儿园教研工作的整体提升。

三、丛书的主要特点

（一）实用性

本套丛书主要围绕《幼儿园园长专业标准》和园长工作中存在的突出问题、重点任务展开，深入挖掘全国各地幼儿园园长工作中的先进经验、成功做法、实用策略等，旨在发现问题、找准需求、分解任务、提供对策，解决幼儿园园长工作中的困惑和问题，提供针对性的对策和建议，为幼儿园园长工作提供借鉴和参考，优化园长知识结构，提升园长专业能力，从而实现引领教师专业发展、促进幼儿健康成长、推动幼儿园健康可持续发展的目标。

（二）科学性

本套丛书汇集全国多所高校、科研院所、幼儿园的学前教育科研人员、教师、园长，梳理政策法规，把握研究进展，聚焦实践问题。丛书不仅注重对国内外幼儿园园长队伍建设相关政策进行系统的梳理，积极回应国家对园长专业发展的科学部署和基本要求，而且注重广泛借鉴国内外幼儿园园长专业发展的相关研究成果，注重深入分析全国各地幼儿园园长工作中的先进经验、问题、困惑与诉求等，深刻把握幼儿园园长专业发展面临的新问题，并根据新要求、新变化提出新方法和新策略，以期实现政策分析、理论研究与实践探讨相统一。

（三）可读性

本套丛书在写作上力求做到政策解读灵活多样、生动活泼，理论阐述层层递进、通俗易懂，案例分析生动翔实、简洁清晰，注重理论通俗化、经验具体化、案例故事化、策略操作化，以清晰的逻辑、简明的方式直观形象地呈现内容。

感谢丛书各册主编和合作者的认真准备和辛勤付出，感谢中国教育科学研究院领导、同事对我工作的无私帮助和热情支持。正是因为你们的支持和努力，才使得本套丛书顺利出版。

由于研究时间、精力和水平所限，疏漏在所难免，敬请各位批评指正。

高丙成

本书前言

幼儿园园长是幼儿园内部管理工作的核心，园长管理水平的高低关乎幼儿园的发展及保育教育质量。幼儿园内部管理是幼儿园园长对园所内部的控制与管理，是园长赋能幼儿园的重要抓手，因此，提升幼儿园园长内部管理的能力显得迫切且重要。本书以问题导向、理论切入、案例反思为写作脉络，形成幼儿园内部管理的基本结构与系统。书中不仅介绍了幼儿园内部管理的基本原理以及人事管理、课程与教科研管理、卫生保健与总务后勤管理等内容，还根据现实增加了幼儿园发展与创新管理、危机管理等模块。同时，本书在吸收教育学、管理学、公共关系学等相关理论的基础上，借鉴了全国各地多所先进幼儿园内部管理的优秀案例，尽可能为幼儿园管理者提供具体的内部管理经验。

全书包括理论与实践两大部分，由七章构成。理论部分为第一章，主要阐述幼儿园内部管理的基本含义、组织结构、管理制度和管理模式等；实践部分为第二至第七章，主要介绍幼儿园内部管理的具体内容，包括幼儿园人事管理（园长自我管理与领导、幼儿园教职工管理）、幼儿园课程与教科研管理（幼儿园课程管理、教研管理与科研管理）、幼儿园卫生保健与总务后勤管理（幼儿园卫生保健管理与幼儿园总务后勤管理）、幼儿园发展与创新管理（幼儿园的发展管理与幼儿园的创新服务）、幼儿园公共关系管理（首要公众、次要公众与边缘公众）、幼儿园危机管理（幼儿园危机的类型与应对、幼儿园危机管理机制）。

本书由辽宁师范大学秦旭芳教授、沈阳市教育科学研究院王亚萍主任担任主编，负责全书的整体架构和编写协调工作，王超、王淑青、亓霞担任副主编，最后由秦旭芳、王露萍完成统稿工作。具体编写工作分工如下：第一章（秦旭芳、杨蕊、张雪），第二章（秦旭芳、张洁、席文茜），第三章（秦旭芳、石佳、徐丘涵），第四章（秦旭芳、秦文婷、席文茜），第五章（秦旭芳、孙静、张雪），第六章（秦旭芳、王露萍、时晓琪），第七章（秦旭芳、田梦、杨蕊、时晓琪）。编写团队广泛收集全国各地幼儿园内部管理工作的典型案例，挖掘并展示全国各地幼儿园内部管理工作中的创新经验和成功做法，希望通过科学系统的分析与总结，助力幼儿园一线管理人员熟知内部管理的基本理论和实践策略，掌握不同类型问题的处理方法，形成科学、合理、有针对性的内部管理工作思路和方法。在此，感谢全国各地为本书投稿的幼儿园园长和老师，感谢对案例进行解读的全国幼教专家，是你们的帮助让本书顺利完成，使本书更贴近幼儿园实际，更加有厚度与质感。

在编写过程中，本书借鉴了很多学者的观点，在此表示深深的谢意。由于水平有限，本书肯定存在很多不足之处。幼儿园内部管理的相关理论和实践必将逐渐丰富、不断创新。为此，我们敬请广大读者批评、指正，也期盼大家共同关注幼儿园内部管理。

秦旭芳

目 录

第一章 幼儿园内部管理概述

第二章 幼儿园人事管理

第七章 幼儿园危机管理

第一章

幼儿园内部管理概述

离职风波

一大清早，小二班的两位教师一起提出了离职申请。她俩态度坚决，大家劝了半天也没有动摇。开园不到半年，已经陆续有五六位教师离职，到底是哪里出了问题？看着办公桌上的离职申请单，王园长陷入了沉思。幼儿园的大部分教师来自社会招聘，由于开园时间紧，还没来得及系统培训就进班了。教师们对新幼儿园的要求不熟悉，对新领导班子的管理方式不了解，团队成员之间缺乏沟通和交流。幼儿园的园所文化、团队文化尚未形成，员工很难找到家的归属感，也就很难在这里扎根。如何带好这支团队？经过深思熟虑，王园长决定从以下几方面着手：①调整招聘方案，细化员工入职标准，优先聘用有一定工作经验的教职工；②在工资方案中加入工作年限津贴，鼓励教职工扎根本岗位；③加大培训力度，利用工作之余对全体教职工进行系统培训，帮助大家统一思想、形成共识，同时开展团建活动，增强员工之间的交流；④增加员工幸福感，成立工会和团组织，关心员工生活、学习、工作情况，帮助大家解决困难；⑤加速建设大家认同的团队文化，共同营造家的氛围。一段时间后，教师队伍基本稳定下来，幼儿园的工作也渐入佳境。

（案例提供：辽宁省沈阳市浑南区教育局花语幼儿园　肖文）

上述案例中的王园长在面对教师的离职风波时，对幼儿园当前的内部管理制度进行了反思，从调整招聘方案、细化用人制度、建立激励机制以及完善园所文化等方面入手，优化幼儿园的内部管理，从根源上解决了教师流失的问题。科学的管理是幼儿园的立园之本，园长作为幼儿园管理的核心，对幼儿园整体运作和发展起着重要作用，是提高幼儿园教育质量的关键。对于园长来说，如何做好幼儿园内部管理是一项长远课题。

第一节　幼儿园内部管理的内涵

随着社会的发展，人们对幼儿园的发展有了更高的期待，要求管理者正视新形势下幼儿园管理过程中的问题，并提出相应的解决措施，提升管理实效。本节从幼儿园内部管理的含义、内容、原则、方法等方面进行阐述，为园长能够做好幼儿园内部管理奠定基础。

一、幼儿园内部管理的基本概念

幼儿园内部管理就是依据一定的教育理念和育人目的，确立办园宗旨，通过计划、组织、领导、控制等管理职能，合理地组织和利用幼儿园内的各种教育资源，优质高效地达到管理的目标。幼儿园内部管理的内容主要包括对人、财、物、事以及时空和信息的管理。[①]

《幼儿园园长专业标准》将“优化内部管理”作为园长专业职责之一，提高了相应的专业要求（见表 1-1）。

① 向松梅．幼儿园园长专业成长的路径与实践［M］．长沙：湖南师范大学出版社，2019：128-129.

表 1-1 《幼儿园园长专业标准》有关“优化内部管理”的要求

专业职责	专业要求	
五 优化内部管理	专业理解与认识	41. 坚持依法办园，自觉接受教职工、家长和社会的监督。 42. 崇尚以德治园，注重园长榜样示范、人格魅力、专业引领在管理中的积极作用。 43. 尊重幼儿园管理规律，实行科学管理与民主管理。
	专业知识与方法	44. 掌握国家对幼儿园管理的法律法规、政策要求和园长的职责定位。 45. 熟悉幼儿园管理的基本知识，了解国内外幼儿园管理的先进经验。 46. 掌握幼儿园园舍规划、卫生保健、安全保卫、教职工管理、财务资产等管理方法与实务。
	专业能力与行为	47. 形成幼儿园领导班子的凝聚力，认真听取党组织对幼儿园重大决策的意见，充分发挥党组织的政治核心作用。 48. 建立健全幼儿园管理的各项规章制度，严格落实教师、保育员、保健医、保安、厨师等岗位职责，提高幼儿园管理规范化、科学化水平。 49. 建立教职工大会或教职工代表会议制度，推行园务公开，尊重和保障教职工参与幼儿园管理的民主权利，有条件具备的幼儿园可根据需要建立园务委员会。 50. 建立和完善幼儿园应急机制，制定相应预案，定期实施安全演练，指导教职工正确应对和妥善处置各类自然灾害、公共卫生、意外伤害等突发事件。

需要说明的是，幼儿园管理包含两方面的内容：一方面是幼儿园外部条件与因素，包括教育行政体制、教育规划督导、社会需要与家长需求、人口状况以及民风民俗等的管理，另一方面是幼儿园内部管理。幼儿园内部管理强调以园长负责制为基础，包含幼儿园内部各项事务的管理。本书主要探讨幼儿园内部管理的相关内容，包括幼儿园的人事管理、课程与教科研管理、卫生保健与总务后勤管理、发展与创新管理、公共关系管理以及危机管理。

二、幼儿园内部管理的原则

为了优化幼儿园内部管理，园长应遵循方向性、整体性、民主性、有效性及协调性原则。

（一）方向性原则

幼儿园担负着双重任务。《幼儿园工作规程》明确指出，幼儿园是对3周岁以上学龄前儿童实施保育和教育的机构，幼儿园教育是基础教育的重要组成部分，是学校教育制度的基础阶段。幼儿园的任务是贯彻国家的教育方针，按照保育与教育相结合的原则，遵循幼儿身心发展特点和规律，实施德、智、体、美等方面全面发展的教育，促进幼儿身心和谐发展。幼儿园同时面向幼儿家长提供科学育儿指导。《幼儿园工作规程》对幼儿园性质和任务的规定体现了我们社会主义国家办教育的目的，双重任务就是幼儿园的工作方向。可以认为，教育好幼儿是为未来社会主义建设贡献力量，服务好家长则有益于当前的社会主义建设，二者均服从于社会主义建设的总目标。[①]

方向性原则是指幼儿园管理工作必须坚持正确的方向，即坚持党的领导和社会主义办园方向，坚持以教育幼儿、服务家长为目标的办园方向。

（二）整体性原则

幼儿园是一个系统，是由相互作用、相互依赖的各个部分结合而成的具有特定功能的有机整体。为实现双重任务，幼儿园要将保教工作置于整个系统的中心，管理上要从实现整体目标出发，以保教为主，全面规划，统一指挥，合理组合幼儿园各个部门、各种因素、各个层次的力量，充分发挥整体作用，以达到最佳的管理效能。[②]

整体性原则意味着园所各项工作都是为开展优质的保育与教育工作而服务的，幼儿园其他职能部门应互相协调配合，明确目标，从整体出发，共同助力幼儿园的全面发展。

---

① 邢利娅．幼儿园管理［M］．北京：高等教育出版社，2010：23-24.

② 吉执来．学前教育管理学［M］．西安：西北大学出版社，2019：57-58.

（三）民主性原则

民主性原则是指在幼儿园管理中，要处理好完成工作任务和关心人的关系，同时要处理好管理者与管理对象的关系，调动全园各类人员的积极性，发挥管理的激励机制，实现幼儿园的任务目标。

园长应明确，管理需要全体教职工的参与。积极听取各教职工的意见，有利于园长进行信息的整合与分析，从而做出决策。园长可以通过园务会、教职工代表大会、个别谈话等，听取教职工的建议，加强与教职工的联系与沟通，在保证教职工知情权与监督权的基础上，给予教职工民主管理的权利。

（四）有效性原则

幼儿园管理的有效性原则是指幼儿园管理要在正确的目标指导下，通过科学管理，合理组织人、物、财等资源，充分挖掘潜力，高质高效地完成任务。

园长在进行管理时，应合理有效组织资源，从而达到事半功倍的效果。例如在开会统筹幼儿园运动会问题时，园长应掌握开会的艺术，可以要求中层管理者结合园所情况提前制定不同方案，在会议上直接阐明各自的优缺点。此外，园长作为幼儿园的决策者，应当合理运用自己的权利，进行最终的决策，避免出现优柔寡断、议而不决的情况。

（五）协调性原则

协调性原则是指幼儿园作为社会的组成部分，在管理上要通过内外协调，充分利用有利条件，与社会资源建立密切联系，不断提高保教工作质量。

幼儿园的管理工作是开放的、面向社会的。社会外界的各类因素都会对幼儿园的生存与发展产生影响。例如，在幼儿园危机事件的处理中，幼儿园与媒体的关系处理就是一个不容忽视的重要课题。为避免某些传播媒体以非理性的姿态抨击幼儿教师及幼儿园，并利用媒体技术大肆传播，形成不良的舆论环境，幼儿园要遵守协调性原则，避免使幼儿园乃至整个行业陷于信任危机之中。

三、幼儿园内部管理的基本方法

园长作为把握幼儿园发展方向的掌舵者，可以运用一些基本的管理方法管理幼儿园，提升团队的核心凝聚力。

（一）重点突出，分工明确，落实分层管理

幼儿园各级行政管理人员都有相应的工作职责与管理权限，如后勤主任负责幼儿园后勤部门的管理，包括幼儿食物采购等；保健医负责幼儿卫生保健以及园所保育员的管理等。园长应适时调控与指导各个部门之间的分工与合作，作为指导幼儿园平稳运行的“大脑”，引领园所的发展。同时，园长应允许全园职工都积极参与幼儿园的建设，如有的幼儿园设立园长信箱等，让幼儿园教职工将想说的话、想提出的建议以匿名方式告知园长。这样一方面可以增强教职工为幼儿园发展建言献策的积极性，另一方面也保护了员工隐私，减轻了员工的心理负担。落实分层管理，有助于园长掌控全局，接受来自各方面真实的消息反馈，从而做出符合园所实际情况的最佳决策。

（二）细化考核，重视评价，保证制度规范

园长应结合幼儿园的实际发展情况，制定园所的考核评价细则，做到有据可依，以理服人。公平公正的考核评价细则能够激励教职工不断提高自身的专业能力。园长应要求各个部门的负责人制定本部门的考核细则，适时公布，并带领考核小组进行对标检查，通过“奖勤罚制度”，带动全园教职工不断进步。同时，园长应明确区分“评价”与“评比”两种不同的形式。评价是针对园所教职工个人遵守规章制度、获得成就的评价。而评比则是共性中的评比，是对多人进行综合比较选择后的结果。评价重在发现教职工的进步与不足，从而有针对性地促使其逐步提高，而评比是对某一标准进行评估和比较以确定优劣或等级，要注意公平、公正、公开，避免降低教职工的自

信心和工作积极性。

（三）增强联系，做好协调，实现双向互动

幼儿园是社会的一部分，应通过内外协调，与其他公众之间建立良好的关系，从而促进园所的发展。例如，对于上级管理部门，幼儿园应自觉主动学习其所颁布的规章制度等，并能够在幼儿园贯彻执行。对于同行幼儿园，园长应以平等对话的姿态，加强合作交流，建立学习共同体，学习对方的优秀经验，提升自身的保育教育质量。园长可主动聘请相关领域的专家定期进行到园指导。另外，幼儿园应主动与媒体进行接触与沟通，宣传幼儿园的正面形象。

典型案例

案例 1–1　　坚持的力量

面对大班的“退园潮”，宋园长非常焦虑，甚至一度怀疑过自己的能力。到底要不要坚持正确的幼小衔接方向和做法呢？宋园长暗访了社会上很多学前培训机构，看到了各种各样揠苗助长的做法，她为孩子心酸，更为家长的盲从感到无奈。她暗暗下定决心：无论阻力多大，一定要秉持科学幼小衔接的理念，坚持正确的方向。只有尊重幼儿身心发展规律的幼小衔接工作才是正道。

宋园长主动与小学联系，合作开展丰富多彩的幼小衔接活动，如邀请大班家长走进小学，由小学教师为家长答疑解惑；请幼儿走进小学生课堂，参加升旗仪式、与小学生手拉手等活动，让幼儿更加深入地了解小学生活，产生对小学的向往。

（案例提供：辽宁省沈阳市浑南区教育局花语幼儿园　胡松岩）

案例分析

面对连续的生源流失，宋园长并没有像社会上的学前培训机构那样，悄悄地教孩子们一些拼音、识字方面的知识，而是一直坚持科学的幼小衔接方

向和做法。在《教育部关于大力推进幼儿园与小学科学衔接的指导意见》的科学引领下，秉持科学的幼小衔接理念，尊重幼儿的身心发展规律，维护正常的教育教学秩序，坚持以幼儿为本，规范管理。宋园长十分明确科学的幼小衔接观念是有效开展幼小衔接的前提。因此，宋园长首先从幼儿家长入手，解答家长有关幼小衔接方面的困惑，缓解家长的焦虑情绪。其次，帮助幼儿初步了解小学生活，如通过与小学的双向联系，让幼儿逐步建立起积极的入学期待，做好入学前的四个准备，即身心准备、生活准备、社会准备和学习准备。宋园长这种“双管齐下”的处理方式，很好地解决了幼儿园大班生源流失的问题。

第二节　幼儿园内部管理组织机构

幼儿园内部管理组织机构的运行以合理的组织设计为基础，其中领导者发挥着举足轻重的作用。幼儿园的领导体制是幼儿园管理体制的核心，是进行决策、指挥、监督等领导活动的具体制度或体系。合理的组织机构设置会对幼儿园的人力、物力等资源进行高效协调，促进各项工作的顺利展开。

一、园长负责制

幼儿园的领导体制是幼儿园管理体制的核心。《幼儿园工作规程》明确规定“幼儿园实行园长负责制”。中共中央办公厅印发的《关于建立中小学校党组织领导的校长负责制的意见（试行）》指出，要发挥中小学校党组织领导作用，中小学党组织全面领导学校工作，履行把方向、管大局、做决策、抓班子、带队伍、保落实的领导职责，实行中小学校党组织领导的校长负责制；公办幼儿园参照执行。由此，幼儿园园长应在党组织领导下，推动教职工师德师风及幼儿园精神文明建设等的管理。

（一）园长负责制的内涵

园长负责制是指幼儿园在上级主管部门的统一领导下，为实现幼儿园的发展目标，以园长对园内各项工作负责为核心，同党支部保证监督、教职工民主管理相结合，充分发挥领导职能的三位一体的领导体制。① 园长负责制是一个结构概念，反映了园内领导关系的结构方式，是个人负责与各方面制约关系的统一。园长全面负责，党支部保证监督，教职工民主管理，三者之间相互联系，相互制约，有利于建立高效统一的幼儿园内部管理系统。

（二）实施园长负责制的必要条件

园长要服从上级部门的领导，注重党支部的政治核心作用，通过教职工代表大会和园务委员会的形式进行民主管理，调动教职工民主管理与监督的积极性。

做一位合格的园长是实行园长负责制的前提。教育行政部门要严格按照《幼儿园管理条例》等法规制度做好园长的选拔与任命，督促园长不断提升自身素质；对幼儿园的领导和管理应侧重宏观管理，不干涉和代替园长的工作，使幼儿园成为一个相对独立的实体，以相应的法规制度为园长负责制的实施依据；加强对幼儿园的民主管理和监督，强化民主管理体系。幼儿园成立园务委员会、教职工代表大会监督幼儿园的日常工作，对幼儿园办园方针、发展规划等重大事件提出建议，保障幼儿园工作的顺利开展。

法条链接

《幼儿园工作规程》第十章中明确规定幼儿园实行园长负责制。

幼儿园应当建立园务委员会。园务委员会由园长、副园长、党组织负责人和保教、卫生保健、财会等方面工作人员的代表以及幼儿家长代表组成。园长任园务委员会主任。

① 吉执来. 学前教育管理学［M］. 西安：西北大学出版社，2019：57-58.

园长定期召开园务委员会会议，遇重大问题可临时召集，对规章制度的建立、修改、废除，全园工作计划，工作总结，人员奖惩，财务预算和决算方案，以及其他涉及全园工作的重要问题进行审议。

幼儿园应当加强党组织建设，充分发挥党组织政治核心作用、战斗堡垒作用。幼儿园应当为工会、共青团等其他组织开展工作创造有利条件，充分发挥其在幼儿园工作中的作用。

幼儿园应当建立教职工大会制度或者教职工代表大会制度，依法加强民主管理和监督。

二、幼儿园组织结构

组织结构是组织中划分、组合和协调人们活动与任务的一种正式的框架。只有通过建立、维护并不断地完善组织结构，才能实现有效分工、合作，发挥组织职能。幼儿园组织包含三个必备的层次。

（一）幼儿园组织层次

幼儿园组织结构一般分为以下三个层次。

1. 指挥决策层

幼儿园的指挥决策层从狭义上看指的是幼儿园最高的行政领导，即幼儿园园长。园长为幼儿园行政负责人，对幼儿园全面负责，对幼儿园的各项事务具有指挥决策权。从更为广泛的范围讲，幼儿园的指挥决策层应在党组织的领导下，依法行使职权，有关幼儿园的重大问题应听取党组织的建议，还应征求上级政府管理部门的管理意见或幼儿园法人等主体的建议。

2. 执行管理层

执行管理层的职责是布置、执行决策，将园长指挥决策层的决策转化为具体、可操作的行动。各个职能部门的负责人如保教主任、后勤主任等都属于中层管理者。他们在园长的领导下负责本部门工作的开展。执行管理层作为连接指挥决策层与具体工作层的纽带，既要接受园长的领导，又要管理本部门相关工作及人员，积极、高效地完成相关工作。

3. 具体工作层

具体工作层在幼儿园中主要是指班级层面。班级是开展保教工作的第一线，各个班级的班长和具体人员负责各类具体工作。这一层次人员占幼儿园组织的绝大部分，是决策的具体实施者。幼儿园具体工作层的人员各司其职，才能促使幼儿园的正常运转。

以上三个层次既有分工，又有合作，各尽其责，权责相应，能有效地做到分工协调，提高管理效率。例如，指挥决策层要贯彻党的教育方针及政策，制定幼儿园发展目标、工作计划及教职工管理制度等；执行管理层则要设定各部门的工作目标，调控统筹各项工作的具体落实；具体工作层应遵守园所规章制定，全面负责幼儿的保育及教育等工作。

（二）幼儿园组织机构设置原则

落实幼儿园组织机构设置原则，有助于维持幼儿园内部结构的稳定运转。幼儿园组织机构设置原则主要包括：目标明确，责权统一；层级合理，跨度适当；分工协作，统一指挥。在此原则基础上，各组织机构之间相互配合，促进幼儿园的长效发展。

1. 目标明确、责权统一

幼儿园组织机构设置的目的是完成一定的任务，实现一定的目标。因此，进行机构设置时，管理层要确立组织的任务和奋斗目标，根据总目标确定具体的事务、人员与职务的安排。在不同层级设置上，坚持以“事”为中心，把目标和任务分解为具体细致的工作内容，提高组织效能及工作效率。此外，要给予园长充分的自主权，以加强对幼儿园工作的统一领导、统一指挥，提高工作效率。各部门各司其职，积极处理职权范围内的事务，保证权责的有效统一。

2. 层级合理、跨度适当

一个管理者直接指挥和协调的下级人员都是有限度的，超过一定数量，就不可能进行有效管理，因此需要合理划分管理层次，确保每一级的管理跨度和宽度。然而管理层次的增多，也会产生上下级联系渠道延长、信息传递复杂化以及办事效率降低等问题。所以，幼儿园组织需要建立宽度适当、层次合理的组织结构体系，从而实现指挥高效、信息顺畅，进而提高管理效率。如在幼儿园保教工作中，除了幼儿教师这一执行主体外，还另设有保教主任、教研主任这一层级岗位，他们能够与园领导共同商定幼儿园的整体保教规划，又能与幼儿教师展开具体工作细节的探讨。

3. 分工协作、统一指挥

幼儿园各个部门既要有明确的分工，又要积极协作，建立良好的横向关系，如教研组之间、年龄组之间、班级之间等都需要相互支持与配合。为了避免多个领导分散指挥，幼儿园应建立良好的指挥系统和适宜的运行机制，使组织严密合理，指挥线路清晰，联系渠道畅通，做到既分工负责、分层管理，又集中统一指挥、协调步调，优质高效完成组织的预定目标。例如保健、后勤、教学三大部门各自承担幼儿健康、安全卫生、保教等不同方面的要求，但都在园领导的统一组织管理下完成工作任务。

典型案例

案例 1–2　虚惊一场，协力化解

“付医生，我们班的明明刚才吐了，还说自己睁不开眼睛！你快给看看！”小六班的露露老师抱着孩子跑到保健室门口，焦急地跟保健医说道。没等她说完，付医生就快速跑了过来，一边查看孩子的情况，一边询问孩子：“小朋友，你昨天晚上和今天早上都吃什么啦？”明明摇了摇头，一副昏昏欲睡的样子。

露露老师说：“已经给家长打了电话，说在家里没吃什么特殊的东西，早上入园后除了幼儿园早餐，没吃过任何东西。”付医生看了看孩子的情况后果断地说：“目前没发现什么异常，马上征求家长的意见，先去医院吧！”征得家长同意后，付医生和露露老师带着孩子赶往医院，约定同家长在医院汇合。

与此同时，幼儿园里各部门都迅速开始了联动反应：后勤部门马上组织

炊事员对当日早餐所用食材追踪溯源，倒查食材质量、制作细节；安全负责人到监控室调取孩子从入园到发病的录像，进一步排查；保健医常医生对明明所在班级所有幼儿进行集中观察；教学主任逐班排查幼儿健康情况。各部门共同排查后发现，幼儿园无任何异常情况。

医院的各项检查结果均未发现异常，孩子趴在妈妈怀里睡得深沉，所以家长只好先将孩子带回家继续观察。这到底是怎么回事呢？回到幼儿园，大家的心还在悬着，只能再次通过查看监控来回忆孩子昨天和今天的在园情况，以此寻找病因。正在这时，露露老师的电话响了，家长说原来是今天早晨明明在家里误食了一片姥姥的安眠药，现在已睡醒，无大碍。

这一刻，所有的老师终于松了一口气。

（案例提供：辽宁省沈阳市浑南区教育局花语幼儿园　潘阳）

案例分析

在此次由于幼儿在家误食安眠药引发的事件中，露露老师敏锐察觉幼儿突发状况，保健医及时查看，迅速联系家长，教师与保健医一同前往医院，这一过程中展现了教师与保健人员之间的合作。与此同时，园内的后勤部门排查食物，安全负责部门查看监控，保健医观察其余幼儿，教学主任关注幼儿情况，多部门通力协作，及时应对此次“危机”可能发生的多种情况，教师也时刻与家长保持联系，体现出幼儿园内部管理的有序、高效。

第三节　幼儿园内部管理制度

没有规矩不成方圆。幼儿园的规章制度指引着幼儿园组织机构的运转以及园内职工的行为，是幼儿园内部管理必不可少的手段。

一、幼儿园内部管理的各项规章制度

幼儿园规章制度的制定与实施是为了更好地实现幼儿园的目标，对幼儿园的各项工作以及各种人员开展条理化、系统化的管理。幼儿园的各项规章制度是根据党和国家有关方针、政策、法规，依据幼儿发展规律及幼儿园的目标理念等实际状况，以条文形式对园内教职工等人员的工作、学习等行为活动提出的具有一定强制性和约束力的准则与规范。它是幼儿园内部管理的重要依据及保证，包括人事管理制度、保教制度、卫生保健制度、后勤财务制度、教职工评价制度等。

幼儿园的规章制度能有效规范教职工的行动，保障各项工作的正常运转，形成良好的工作环境。

（一）人事管理制度

幼儿园的人事管理制度主要包括岗位责任制度、学习制度等涉及幼儿园对教职工管理的相关制度。各类人员的工作职责需要进行明确的划分，如园长的职责、教师的职责、保健人员的职责等，并对不同人员的工作任务、内容及质量要求等做出明确规定，这部分制度的规定也需要遵从国家及地方教育行政部门的相关规定，如《幼儿园工作规程》。为了使各岗位人员能够胜任工作，并在工作中实现自我成长，幼儿园必须提供适宜的培训、指导，帮助不同岗位人员与时俱进，不断更新自身知识储备。

每一位教职工都是独立的个体，幼儿园如何管理教职工，如何实现教职工工作价值的最大化，都需要以相关的规章制度作为保障。园长在保障人事管理制度有效落实时，不仅要关注不同岗位的职责差异，还要注重教职工的发展需求，使幼儿园教职工胜任、认同自身职业，增强幼儿园的人员稳定性。

法条链接

《幼儿园工作规程》第四十五条明确规定：对认真履行职责、成绩优良的幼儿园教职工，应当按照有关规定给予奖励。对不履行职责的幼儿园教职工，应当视情节轻重，依法依规给予相应处分。

（二）保教制度

幼儿园保教制度主要包括教育教学制度、教研制度及教师班级工作制度等。幼儿园的教育教学制度、教研制度都是为了能够更好地为幼儿提供优质的服务。如何将基础理论融入实际保教工作？什么样的保教工作才是最好的？如何运用教学规律对保教活动进行分析、评估及改进？实施什么样的课程？这些都是教职工在实际工作中需要思考的。而幼儿园的保教制度则是对教职工提出最基本的要求，以使教职工能够更规范、高效地完成保教工作。

幼儿园保教制度要遵从幼儿身心发展规律，注重幼儿的发展，使教职工将以幼儿为本内化于心，坚决落实。

法条链接

《幼儿园管理条例》中第三章第十三条、第十六条、第十七条、第十八条、第十九条分别规定：

幼儿园应当贯彻保育与教育相结合的原则，创设与幼儿的教育和发展相适应的和谐环境，引导幼儿个性的健康发展。幼儿园应当保障幼儿的身体健康，培养幼儿的良好生活、卫生习惯；促进幼儿的智力发展；培养幼儿热爱祖国的情感以及良好的品德行为。

幼儿园应当以游戏为基本活动形式。幼儿园可以根据本园的实际，安排和选择教育内容与方法，但不得进行违背幼儿教育规律，有损于幼儿身心健康的活动。

严禁体罚和变相体罚幼儿。

幼儿园应当建立卫生保健制度，防止发生食物中毒和传染病的流行。

幼儿园应当建立安全防护制度，严禁在幼儿园内设置威胁幼儿安全的危险建筑物和设施，严禁使用有毒、有害物质制作教具、玩具。

（三）卫生保健制度

幼儿园的卫生保健制度主要包括一日生活制度、营养膳食制度、健康检查制度、安全教育制度等涉及幼儿卫生保健的相关制度。幼儿处于身心发展不成熟的阶段，容易受到外界的伤害或疾病等的困扰，幼儿园的教职工需要遵从卫生保健制度保护幼儿健康，促使幼儿快乐成长。卫生保健制度的制定有助于教职工合理规划幼儿的生活，培养幼儿良好的生活习惯，为幼儿创设健康、舒适的学习生活环境等。

幼儿园的卫生保健工作位于幼儿园工作的首位，卫生保健制度能够保障教职工以幼儿身心安全健康为中心，保障幼儿生命安全与健康。

（四）后勤财务制度

幼儿园的后勤财务制度是幼儿园保教工作的相关保障性工作制度，例如关于门卫值班、巡逻值班、园内财务收支等工作的相关制度。后勤财务相关工作是幼儿保教工作、幼儿园发展的强有力保障，能够使幼儿园的设备做到物尽其用，人员做到各尽其职。

幼儿园后勤财务管理工作离不开周全的制度。后勤财务制度作为幼儿园规章制度中必不可少的一部分，能有效保障幼儿及教职工的工作环境，确保提供优质的服务。

（五）教职工评价制度

教职工评价制度主要是对教职工的考核及奖惩制度。考核制度是参照一定的标准来检验教职工的工作质量，通过自评、他评等方式，对教职工日常业务学习、职业道德、保教工作等多方面进行检查评定。奖惩是在考核的基础之上，针对教职工个人或集体的工作表现或成绩进行，主要遵循多劳多得、奖优罚劣等原则，以此激励或约束教职工的行为，调动其工作积极性。

幼儿园的评价制度应从全局出发，综合考虑教职工的日常工作状态及任务等，并根据现实情况适时调整，不简单以客观量化为标准，以激发教职工工作活力、提高工作质量为目标，促进幼儿园的发展。

二、幼儿园内部管理规章制度制定原则

幼儿园内部管理规章制度的建立与实施，必须参照以下原则：有章可依，切实可行；以人为本，严慈并济；以身作则，带头示范；内化于心，自觉落实。幼儿园要根据自身情况，重视规章制度的制定与实施，并在贯彻执行中加强规章制度的优化。

（一）有章可依、切实可行

幼儿园在制定内部管理规章制度时，必须以党和国家的政策法规为基础，做到有法可依。同时，规章制度必须切实可行，建立在本幼儿园的实际情况之上，结合幼儿园的人员、物力等情况，以及幼儿园的运营状态及发展目标等，将现实性与前瞻性相结合。此外，幼儿园的规章制度要体现幼教工作的本质属性，符合教育与管理的客观规律，符合幼儿教师的劳动特点，充分发挥其约束、激励作用，使之具有操作性、可行性。例如某幼儿园根据本园教师队伍的组成状况，根据教龄、岗位等多方面考核标准，制定教职工薪酬制度，并依据教师学历、工作状况、学习情况等分层制定有针对性的岗位培训制度，取得了良好的效果。

（二）以人为本、严慈并济

幼儿园制定各项规章制度要坚持以人为本，即尊重教职工的意见，注重教职工的参与，从教职工教育工作的实际需要出发，从而通过制度的制定与实施，最大限度地激发教职工的积极性，提高其执行制度的自觉性与主动性，实现教职工较高水平的自我管理。同时，幼儿园规章制度的制定不仅仅是为了约束教职工的行为，更是为了督促、激励其良好行为的产生，因此在制定规章制度时，要注重奖惩等制度的结合，保证规章制度的合理性。

（三）以身作则、带头示范

为了使规章制度的执行效果不打折扣，幼儿园各级管理者应充分发挥自身示范作用，成为有令必行、有禁必止的榜样，让全体教职工明白幼儿园有“法”必依。例如园领导应平等对待每一位教职工，依据园内规章制度进行合理奖惩，不应以自身的主观喜恶影响规章制度的实施。

（四）内化于心、自觉落实

教职工的行动是检验规章制度落实的最有力证据。规章制度的制定不仅是以条文的形式展现，在实际中更要将其融入教职工的内心，这也就要求幼儿园注重规章制度的执行与思想教育的结合。为了使教职工在思想认识、主观意愿与实际行动方面保持一致，要注重对教职工开展园内规章制度的学习与宣传教育。如幼儿园可开展园内动员，阐明规章制度的作用及执行要求，并对相关内容进行理性分析，引导教职工从内心认同规章制度，进而自觉落实。

总之，在幼儿园的内部管理中，为了贯彻执行规章制度，要重视教职工参与制订规章制度，重视领导的以身作则，要重视营造良好的工作氛围以及组织文化的建设。

典型案例

案例 1–3　培、用、评“三标”流程：助推幼儿园高效能治理

某幼儿园是2015年新开的教办幼儿园，开办初期管理中存在两个问题。问题一在师资。幼儿园非在编教职工占比91%，存在流动性大的问题（2016年教师的流动率25%），并且教师平均年龄仅26岁，经验不足，专业水平和保教能力亟待提升；教师“培、用、评”出现脱节等情况，教师培训标准、使用标准与评价标准“各自为政”。问题二在专业管理者缺乏管理经验，幼儿园制度多，但操作性不强，效果不明显，教师不理解制度内涵，管理者管理行为不规范、标准不统一。

针对此情况，幼儿园开展了培、用、评“三标”流程研发与应用研究，借鉴 PDCA 循环理论，通过梳理流程化内容、研发制定流程图、应用实施流程图、调整优化的步骤持续推进。幼儿园采用高效能治理、流程管理、系统整合等理念，将教职工的培训标准、使用标准、评价标准三标合一；应用制度、工作流程化理念，采用七步循环法研发了 172 个流程，并以“三类五定时”为实施模式，架构了一套幼儿园流程管理体系（见图 1–1）。其中，流程研发的具体方法即七步循环法包括：发现实际问题，研读文件内容，寻找逻辑关系，抽取关键词句，绘制流程图，投放实践应用，调整优化流程。“三类”即教师、管理人员、幼儿。“五定时”即定时培训、定时观摩、定时检查、定时研讨、定时考核。

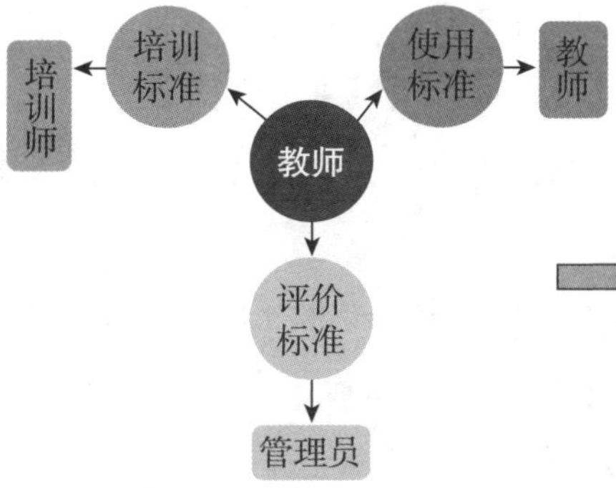

教师培、用、评工作中的“三张皮”现象

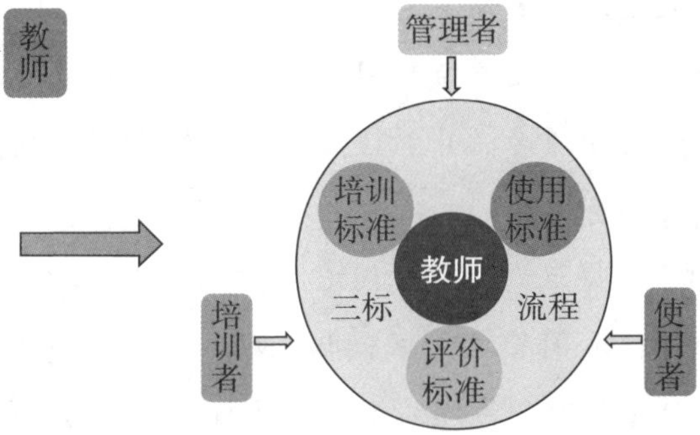

教师培、用、评三合一设想架构图

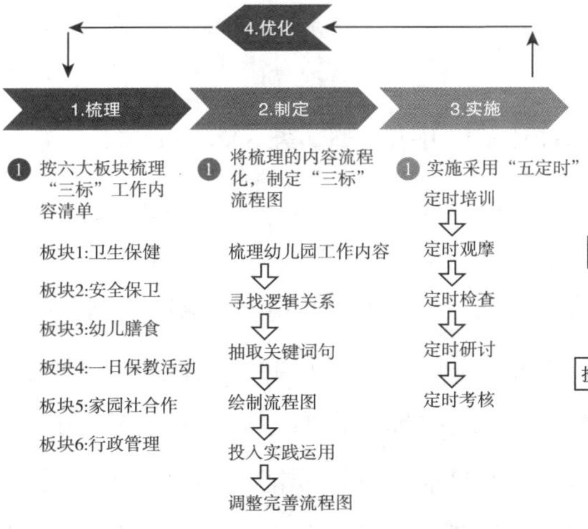

PDCA 循环理论下“三标”流程研发步骤

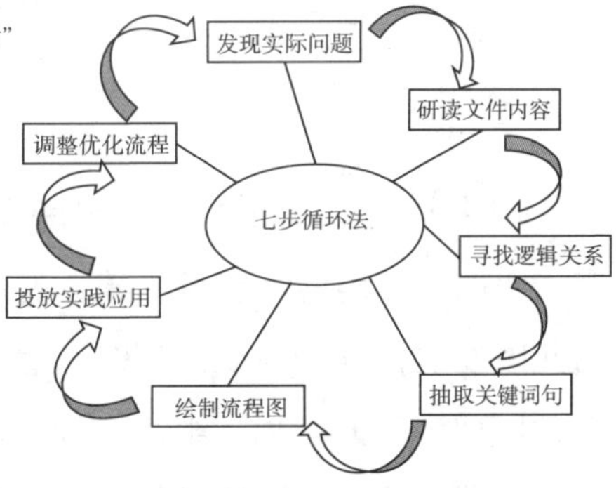

“三标”流程七步循环法模型图

图 1–1 培、用、评“三标”流程研发

“三标”内容是对《幼儿园工作规程》等幼教纲领性文件的园本化表达。应用“三标”流程可以促进园所规范化、精细化发展。

（案例提供：成都市第三十三幼儿园　王亚莉）

案例分析

幼儿园教职工流动性强，不利于幼儿园保教质量的稳定；教职工的培训、考评等脱节，容易降低管理效率。而缺乏管理经验的专业管理者，会导致幼儿园治理效能低下。

该园采用流程管理法将有关教师的培训标准、工作标准、评价标准三标合一，梳理出工作的主要步骤，采用关键词、关键句的方式呈现，并在实施中采用定时培训、定时观摩、定时检查、定时研讨、定时考核来检验三标合一的成果，在较短时间内提升了保教人员及行政人员的基本工作技能，同时也帮助管理者提升管理能力，细化管理机制，逐渐优化管理，保证每一项工作都朝着规范化、精细化方向推进。

值得注意的是，PDCA 循环理论是美国质量管理专家沃特·休哈特提出的，被美国管理学家戴明采纳、宣传，获得普及，又称“戴明环”。该理论将质量管理分为计划（P）、执行（D）、检查（C）、处理（A）四个阶段。

第四节　幼儿园内部管理模式

越来越多的幼儿园立足园所发展的实际情况，采用独具特色的管理模式，明确管理内容与目标，建立针对性的管理制度，从而实现高效管理，为幼儿园发展保驾护航。以下基于管理的系统原理、人本原理、责任原理以及效益原理，依据计划、组织、领导、控制的基本管理职能，结合当前幼儿园多种办园形式，详细阐述幼儿园目标管理模式、过程管理模式、质量管理模式、园本管理模式、危机管理模式以及集团化管理模式。

一、目标管理模式

目标管理理论最早是由美国管理学家德鲁克于1945年提出来的。德鲁克在其《管理的实践》一书中指出，应该把一个组织每日的任务转化为目标，各级领导均应通过目标对下属进行领导与管理，以此来动员和协调全体人员的行动，促进组织总目标的完成。这种“目标管理与自我控制”的主张一经提出，便在美国及日本企业界产生了积极反响。近年来，目标管理理论也逐渐被引入教育管理领域。

目标管理是以建立目标体系为基础的管理程序，特别强调员工与上司共同设定具体明确又能客观衡量成果的目标。目标管理将组织整体目标逐层转化为各级各单位的子目标，形成一个目标体系，同时又以目标作为激励员工的工具，定期反馈，共同讨论，并进行绩效评估，是一种完整的规划与控制程序。①

（一）幼儿园目标管理的内涵

幼儿园目标管理是以目标为中心进行的一系列管理活动。它是一种系统的、整体的管理方法，始终以目标作为出发点和归宿，同时也是一种重视成果的管理方法，因此非常适合对重视自我价值实现的幼儿园教职工群体的管理。

（二）幼儿园目标管理的内容

幼儿园目标管理是依照目标确定、展开、实施、考评的顺序进行的。实际上，目标管理的过程就是目标管理实行的活动程序、步骤及方法。第一步，目标确定和展开。目标管理的核心是以目标为中心进行的一系列管理活

① 安慧霞.促进园所健康发展的目标管理模式探索［J］.中国教育学刊，2012（S2）：78–79.

动，所以目标的确定是实施目标管理的第一步。目标应该明确且具有可行性、激励性和灵活性。第二步，目标实施，就是将幼儿园管理的总目标层层分解、逐渐落实的过程。上级根据目标要求给下级授权，使下级能够运用这些权力实现目标，从而使员工为实施目标而进行自我控制。第三步，目标考评。目标考评阶段主要是根据目标的执行情况，进行总结评定，制定新的目标，开始新的循环。①

二、过程管理模式

过程管理是管理所必须经历的程序和阶段，是一个动态的、具有阶段性的过程。基于此，我们把过程管理看作为实现预定的管理目标，管理者组织全员按计划、分步骤进行的共同活动的执行程序。

（一）幼儿园过程管理的内涵

幼儿园的过程管理就是幼儿园管理者为实现幼儿园的管理目标，在特定教育原理和管理原则的指导下，组织全园教职工，有步骤、有计划地进行共同活动的程序。同时，幼儿园的管理也是动态的、变化的，必须对整个程序进行必要的监控，使幼儿园整个系统达到最优状态，促进幼儿园工作目标的完成。

（二）幼儿园过程管理的内容

戴明认为一切有过程的活动都由四个环节组成，包括计划、执行、检查和总结。这四个基本环节和阶段构成了管理活动的周期，是管理最基本的职能活动。

幼儿园的管理过程也由计划、执行、检查和总结四个环节构成。这四个环节相互联系、相互作用，贯穿于幼儿园管理活动这个大系统的始终，也贯穿于幼儿园管理活动的各个子系统中。

---

① 秦旭芳，向海英．学前教育管理学［M］．长沙：湖南大学出版社，2015：12-13.

1. 计划

计划是确定行动方案，使行动趋向于目标的管理活动。[①] 园长在幼儿园的管理中，应明确幼儿园各阶段的发展目标与工作部署，提前拟订计划，使幼儿园全体教职工能够紧跟幼儿园发展步伐。在制订计划时，园长应明确各个方面的具体要求和措施。例如，在开展幼小衔接工作时，园长应明确规定教师的保育与教育任务，即帮助幼儿养成良好的任务意识、阅读习惯等，萌发对小学生活的积极情感，做好生活、社交和学习等多方面的准备。

2. 执行

园长应将计划贯穿幼儿园的全过程，并发挥指导、协调和激励的作用。园长应及时注意来自教职工的反馈，在教职工遇到困难时施以援手，使计划可以顺利进行。例如，在与家长的沟通交流中，家长根深蒂固的“小学化”观念使教师难以继续推进幼小衔接工作。此时，园长可主动了解家长的诉求，开办专业讲座，或者组织家长和幼儿一起参观小学等，引导家长建立科学的教育观。

3. 检查

检查是管理活动的中间环节，既是对计划和执行的评价、诊断，又是总结阶段工作的前提和依据。检查有助于掌握工作进展，并及时发现问题，解决问题。[②] 检查的形式多种多样，根据检查的频率划分，可以分为定期检查和经常性检查。例如，园长可以在每周的例会上，对幼儿教师本周的工作表现进行检查并做出评价。而在日常工作中，园长可以随时对幼儿班级进行“推门式”检查，了解班级的真实情况，将看到的问题反馈给幼儿教师，督促幼儿教师不断进步。

4. 总结

总结是对工作全过程的回顾。对完成的工作进行总结，有利于吸取经验，从而指导新工作的开展。例如，在处理完家园矛盾之后，园长可以开展专题性总结会议，对本次矛盾各个阶段的发展情况、幼儿园各部门应对

① 张莅颖 . 幼儿园管理基础［M］. 保定：河北大学出版社，2012：67–68.

② 同①.

的情况进行评价，从而梳理相应流程，找出不足，为以后类似问题的积极应对做好准备。

三、质量管理模式

质量管理就是要通过有效管理，使幼儿园的工作实现最优化。幼儿园应着眼于全面质量管理，规范各环节的质量标准，从经验管理向科学管理转变，由被动管理变成自我管理。

幼儿园质量管理的本质是幼儿园的保教人员都必须有高度的责任心及全面的质量意识，做到尽心尽职。幼儿园质量管理的目的是最大限度地调动人的积极性，明确具体的评估指标，确立促使教职工进取、向上的激励因素。

随着经济的发展，幼儿园管理体制改革的深入，各种办园模式的出现，各幼儿园都充分认识到质量是幼儿园生存与发展的生命，有质量才有发展，但对质量的认识还不够清晰。因此，规范幼儿园和教职工的质量指标刻不容缓。

1. 幼儿园质量指标

幼儿园质量指标包括：有明确的办园方向和办园思想，有正确的教育观、发展观、服务观，形成办园特色；按保教规律开展保教工作，坚持保教结合；师资队伍素质良好，群体氛围和谐，形成积极、合作的园所氛围；因地制宜，创设能促进幼儿发展的园所环境，使幼儿的发展水平能够达到或超出正常标准。

2. 教职工质量指标

教职工质量指标如教师的指标包括：能遵循党的教育方针和《幼儿园工作规程》等规章制度；为人师表，合作，言行文明，任劳任怨，积极主动开展保教工作；不断提高理论和实践教研水平，提高学习文化科学及专业知识的自觉性；具备和运用各种保教技能，如组织和开展游戏的能力、创设保教环境的能力、指导家长的能力以及科研能力等。

四、园本管理模式

园本管理是从校本管理演变而来的。校本管理起源于20世纪60年代，是以学校为本位或以学校为基础的管理，强调教育管理重心的下移，学校成为自我管理、自主发展的独立法人实体，从而提高学校管理的有效性。

（一）园本管理的内涵

园本管理是一种以园所自身为本位的新型管理模式，教职员工不再是被动地接受管理，而是共同参与事关园所发展的决策。园本管理具有客观性、发展性与实践性，能够有效对园内各种教育资源进行开发与利用，实现幼儿园的优质发展。

（二）园本管理的内容

园本管理模式的最大优点是它的民主性，人人都是管理的主体，重视调动每个个体的积极性；提倡自我管理，倡导和谐的人本管理理念；通过构建完整的园所管理组织机构，确保各种制度的顺利执行。① 园本管理模式的内容包括以下几个方面。

1. 管理民主化

园本管理提倡自我管理、以人为本。幼儿园定期向教职工公示园内的重大事件，如财务收支、评奖评优等。此外，幼儿园教职工也参与园内各项制度的建设。例如，在幼儿园卫生保健制度制定过程中，园长邀请保育员一同参与，从而保证制度的合理性，且引导教职工参与园所的管理，加深教职工的认同感与归属感，激发教职工的工作动力。

---

① 胡海建，李晖．应用学前教育管理学［M］．武汉：华中科技大学出版社，2017：19-20.

2. 课程园本化

课程园本化是指幼儿园根据国家及地方政府的要求，结合当地的自然资源、人文资源、现实需求等，进行课程选择、课程生成、课程重组的管理过程。例如地处乡村的某幼儿园立足本园特色与优势，提出“亲近田园、美育童年”的课程理念，整合艺术教育、自然教育、生活教育，创设“田园美育”课程，以“能说、会玩、乐创”为主要内容，渗透五大领域要求，逐级推进，促进了幼儿的全面发展。

3. 教研自主化

园本教研注重在保持教师个性化发展的基础上，促使教师自主进行研讨与学习，不断提升自身的专业水平。幼儿园可以利用菜单式教研与订单式教研相结合的策略，提升幼儿教师园本教研的积极性。菜单式教研策略是指园长以菜单形式列出学习内容，如教研活动的内容及方式、本学期各类学者的讲座内容及对话研讨的论题等。教师可以根据自身发展的需要，选择适合自己的学习内容。订单式教研策略是指教师自身提出专业成长的要求，主动寻求支持。幼儿园可以通过问卷、谈话的方式了解幼儿教师的需求，有的放矢地开展教研活动。

4. 文化多元化

幼儿园园本管理文化是将幼儿园内部全体成员凝聚在一起的行为方式、价值标准和道德规范。多元文化能够增强幼儿园的凝聚力、向心力和持久力，增强幼儿教师与幼儿园之间的契合度，促使教职工为同一个愿景而努力。例如，将中国优秀的传统文化融入幼儿一日生活当中，形成园所特色。

五、危机管理模式

危机管理是指在面对危机时，通过正确的应对，把危害降到最低的管理过程。危机管理包括将存在的种种隐患加以凸显，以引起关注与警觉，达到防患于未然的效果。

（一）幼儿园危机管理的内涵

幼儿园危机管理是针对幼儿园可能遭遇的危机情境如幼儿伤亡、食物中毒、传染病暴发、幼儿园人事纠纷等采取的一系列应对策略，是幼儿园管理者主动规划、调整管理措施，以期避免或减轻危机所带来的威胁的动态过程。① 一般而言，幼儿园危机主要包括四类：安全危机、信誉危机、人事危机、发展危机。②

（二）幼儿园危机管理的原则与阶段

幼儿园危机管理的总目标是对危机管理过程进行细化，认真分析危机的成因及危害，制定详细的工作方案和实施步骤。幼儿园要有组织、人员和物力保障，要在危机发生之前或初期做出反应，及时出击，在尽可能短的时间内扼制危机苗头，控制危机势态扩大，将危害最小化。因此，厘清幼儿园危机管理的原则和阶段尤为重要。

1. 幼儿园危机管理原则

幼儿园危机管理的原则可以从危机预防、危机应对、危机回复三个方面来考虑。生命安全第一位原则，即幼儿的生命安全是幼儿园危机管理的首要目标；快速反应原则，要求幼儿园领导和教职工在幼儿园危机事件发生后，能够第一时间集中力量，利用最小的代价、最少的资源解决危机事件；事先预防制度化原则，要求幼儿园对可能发生的种种灾难事件，都应总结经验教训，并在吸取相关预防研究成果的基础上，制定综合预防和应对措施；教育性原则，即在幼儿园危机管理过程中，吸取教训，总结经验，采取相应措施，预防危机发生；发展性原则，幼儿园管理者应该从幼儿园长远发展着眼，化被动为主动。③

---

① 邢利娅 . 幼儿园管理［M］. 北京：高等教育出版社，2010：329−330.

② 王娜 . 幼儿园危机管理的现状、问题与对策［D］. 南京：南京师范大学，2016.

③ 陈群 . 幼儿园危机管理实务［M］. 北京：中国轻工业出版社，2009：12−13.

2. 幼儿园危机管理阶段

幼儿园危机管理模式包括四个阶段：①预防阶段，包括评估和教育，是指幼儿园管理者应该具有危机意识及危机管理的知识和能力，评估幼儿园可能发生的危机，制定相应的危机管理制度，同时注意教师、家长的危机培训和幼儿的危机教育；②应对阶段，指幼儿园出现危机事件后商讨对策，发动全体教师积极应对危机；③恢复阶段，指教职员工尽快恢复工作常态，消除危机造成的影响；④反思阶段，指危机过后幼儿园反思危机产生的原因及应对过程中的经验和教训，并更新完善危机管理制度，进一步提升危机管理能力。

六、集团化管理模式

标准化、集团化管理适应社会化大生产的趋势，更加集约化、经济化。相对来说，集团化管理模式可以实现优质资源共享，优势互补，节约成本，提升效率和竞争力。

（一）幼儿园集团化管理内涵

集团化管理的园所又叫连锁式园所，它们在总部统一的政策和管理下运行，通常有相同的名字、典型建筑和外饰，相同的组织文化、课程内容，统一对外发布的标语、教育理念、宣传册等。

（二）幼儿园集团化管理形式

集团化管理的幼儿园可分为两种形式。一种是直营模式，由总部出资或者部分出资建立并统一管理，各出资方风险共担。另一种为特许经营、特许加盟的形式，如某幼儿园作为一个独立的法人组织，欲加盟某品牌幼儿园，必须经过特许，向品牌机构缴纳一定的费用，包括加盟费、管理费、保证金等，并签订协议，规范双方的权利和义务。品牌机构一般允许加盟机构使用自己的商标、课程等，给予加盟机构一定的技术支持，包括师资的培训、教材开发等，同时监督加盟机构，以保证其符合品牌机构所要求的质量标准。

典型案例

案例 1-4　　计划“变奏曲”

林园长是一位非常有经验的园长，几年前她调到一所新建的公办园任园长。工作之余，林园长认真学习了很多管理方面的书籍，尤其认同戴明环。在管理过程中，林园长也认真按照计划、执行、检查、总结四个环节来推动每一项工作的开展。在她的带领下，幼儿园在短短几年内就获得了很高的社会声誉。

林园长的工作计划性极强。她说，计划就是蓝图，是幼儿园全体员工的工作愿景，更是需要大家努力实现的共同目标。计划和每个人都息息相关。幼儿园更应充分利用计划的制订过程来统一思想，形成共识。因此，在每一个寒暑假期里，林园长都会多次召开领导班子和骨干教师会议，研究新学期工作计划。大家不断研讨、反思，最终形成一份完整的幼儿园学期工作计划。距离开学两周的时候，幼儿园会召开非常正规的园务计划会，将计划下达给每一位教职工。为了保证计划的规范性和有效性，林园长还会对全体教职工做系统的培训，指导大家如何制订计划，如何规范书写计划文本。

在大家都掌握了计划的撰写方式后，林园长又组织教职工代表对计划的呈现方式进行了研讨。在她的引导下，大家轻松地找出了文本型计划存在的问题，如过于全面，不利于记忆；过于细致，重点不突出等。林园长因势利导，向大家推荐了图示型计划，即用思维导图的方式来厘清工作任务，明确层级关系和关键要素。很多教职工当场便进行了尝试，一张图示将千头万绪的工作梳理得清清楚楚。大家看到了图示型计划的魅力，都争先恐后地使用起来。

几个学期后，林园长又将大家聚到一起，请大家谈谈图示型计划存在的问题。这次，老师们又找到了很多问题，如工作任务虽然清晰，但缺少具体的工作方法；对工作目标和完成标准的表述也不清楚等。林园长肯定了教师们的看法，同时鼓励大家积极动脑思考解决办法。在大家的共同努力下，图表型计划诞生了，一张表格里，不仅有工作任务，还有工作方法、完成标准、完成时间和负责人，让每个看到计划的人都能清楚地了解计划实施的整个过程。

经过多次练习，幼儿园的计划更加规范、科学了，在计划指导下的幼儿园工作也更加有序了。在林园长的带领下，幼儿园在很短的时间内得到了社会的高度认可，发展成为当地一所知名的幼儿园。

（案例提供：辽宁省沈阳市浑南区教育局花语幼儿园　肖文）

专家解读

幼儿园的管理工作细碎繁杂，涉及众多管理部门事务对接及教职员工的工作指导，工作计划是推进全园工作的重要抓手。园长不仅要认识到计划在幼儿园管理工作中的重要价值，还应善于带领团队制订分层分类的计划，提升计划的方向性、指导性和可检验性。

这个案例非常鲜明地展示了一位园长运用戴明环过程管理模式进行管理且带领团队成长的过程。林园长有四个方面的管理经验值得大家学习。一是她有明确的管理立场，即她认可质量管理理念，学习并且掌握了戴明环工作机制，获得了一种适合自己的管理模式。二是她有清晰的管理思路，用计划性的工作方法贯穿全园的管理工作，以目标导向、过程督促和计划先行的方式，让全园的工作有序推进。三是她尊重幼儿园教职工的意见，通过多层次的计划会议来了解大家工作现状和发展需要，让全员参与制订计划，形成共同认可、操作性强的计划方案，让大家工作有抓手。四是她擅长带领团队成长，利用讨论计划、制订计划、丰富计划表现形式、提升计划的针对性和实操性等工作，提升了教职员工的计划制订与落实能力，尤其是提升了大家的工作能力，使工作效率也相应提高。

从上述案例中，可以获得四个有益的启示。一是园长应掌握一定的管理理论或提炼形成自己的管理风格，让管理工作既有效又流畅；二是园长应重视团队协作，不能仅凭个人经验来管理幼儿园，要充分利用好班级、年级、教科研小组和园务的计划会议，充分利用大家的智慧，发挥团队协作作用；三是园长应有长远眼光和递进式团队指导能力，了解教职员工团队的不足和优势，选择适宜的方法逐步提升团队的协作能力（本案例中经过多轮计划的制订与实施，全员提升了计划能力就是非常好的佐证）；四是园长的管理工作可以渗透于日常工作过程中，体现管理与工作的融合，在日常工作实践中反思、检验和完善管理思路的适宜性，使管理不再是高高在上，而是人人参与，人人有责，人人自主，形成和谐的管理文化。

（湖北第二师范学院　伍香平）

第二章

幼儿园人事管理

“萎靡不振”的王老师

一天，幼儿离园后，有朋友来班里找王老师，结果由于某种原因，导致班上的一位老教师摔伤。此事在幼儿园教职工中造成了不良影响。大家都戴着“有色眼镜”看王老师，致使这位刚来不久的年轻教师心情低落到极点，很长一段时间都在幼儿园里抬不起头。王老师是一个工作能力强、自尊心也强的人，这件事对她的打击不小。了解情况后，如何帮助她摆脱这件事情的影响，重拾自信，使大家重新认识她，是王园长思考了很久的问题。王园长为她提供了很多能够展示个人能力的机会，如文艺节目主持人、儿童节活动策划人、教职工舞蹈领头人等，引导她慢慢地重拾起对工作的热情与信心，多次取得令人称赞的成绩。大家也慢慢地改变了对她的看法，开始发现她身上的闪光点。她感动地对王园长说：“园长，谢谢您对我的肯定和支持，您就是我的伯乐，我今后一定不会辜负您对我的期望。”

幼儿园管理工作千头万绪，但从整体上讲，人的管理是幼儿园管理的核心。管理人的实质就是调动人的积极性，通过科学的方法、正确的用人原则和合理的管理制度，调整人与人、人与事、人与组织的关系，谋求“人尽其才”，使人的潜力获得最大的开发和使用，并保护其合法权益。人的管理，不仅包括对教职工的管理，还包括对园长的管理与领导。

第一节 园长自我管理与领导

幼儿园想要办得更好，好的园长是关键。而好的园长需要从哪些方面来充实自己，优化自身领导能力，从而带动幼儿园的发展呢？以下将从园长角色与园长工作的三大范畴、六大核心工作方面，明确园长管理内容，从影响力、领导力、领导风格、领导艺术儿个方面帮助园长优化自身领导水平。

一、园长的职业角色

学者斯佩克认为校长有三种职业角色，即教育者、领导者和管理者，每一种角色都有与之相对应的任务和职责。幼儿园园长也一样。

（一）教育者角色

教育者是园长的核心角色，因为教育性是幼儿教育的根本属性，园长要熟悉幼儿园保教工作的所有方面，并以教育家的身份引领幼儿园教育改革，促进幼儿的身心发展。园长的教育知识与能力结构将直接影响领导职责的履行，从而影响幼儿园的教育质量。

（二）领导者角色

园长作为领导者，要将幼儿教育理念转化为幼儿园的发展目标和战略规划，创建幼儿园特有的教育价值观，并使其成为园所的组织文化。也就是说，要在一定的教育观的指导下，制定切实可行的幼儿园发展战略，确定幼儿园的教育教学计划，合理配置幼儿园资源，不断提高幼儿园的保教质量。

（三）管理者角色

园长作为管理者，既要负责幼儿园内部的日常管理，也要承担幼儿园外部的各种关系协调工作。园长应能按照有关政策规定，运用一定的方法和技术，对幼儿园的人员、资金、设备等资源进行全面有效的调配和安排，并尽可能地协调好各种外部关系，争取更多的办园资源和支持。

二、园长的核心工作

《幼儿园园长专业标准》从园长工作的价值领导、教学领导和组织领导三大范畴出发，确定了六大核心工作领域，具体包括规划幼儿园发展、营造育人文化、领导保育教育、引领教师成长、优化内部管理、调适外部环境。

（一）价值领导——规划幼儿园发展和营造育人文化

价值领导是园长开展各项工作的灵魂，核心是让幼儿园教职工对幼儿园教育工作产生强烈的参与意识与认同感，拥有共同的价值观和愿景。价值领导包括规划幼儿园发展和营造育人文化两方面的内容。在规划幼儿园发展方面，园长应该坚持正确的办园方向，准确把握国家相关的政策法规，在分析幼儿园发展的历史传统、发展机遇以及诊断幼儿园发展现状的基础上，凝聚多方智慧，合理制定幼儿园发展规划，并采取有效措施保障与监测规划的落实。在营造育人文化方面，园长应该重视幼儿园文化在价值引领、情感陶冶和行为规范等方面的教育功能，将社会主义核心价值观及中华优秀传统文化融入幼儿园的文化建设，综合运用环境陶冶、思想宣传、制度规范、活动渗透等方式，构建育人文化，营造精神家园。

（二）教学领导——领导保育教育和引领教师成长

园长应该首先是一位优秀的教师，不仅对幼儿园的保育教育有着深刻的理解与把握，而且能够引领全体教师的专业化成长。教学领导包括领导保育教育和引领教师成长两方面内容。在领导保育教育方面，园长应该坚持保教结合的基本原则，珍视游戏与生活的独特价值，熟悉环境创设以及一日生活、游戏和教育活动组织与实施的知识及方法，实施遵循幼儿身心发展规律与幼儿教育规律的保教活动，积极推进幼儿园教科研活动的有效开展，不断深化幼儿园的教育改革，以促进幼儿身心健康和谐发展。在引领教师成长方面，园长应坚持立德树人理念，培养优良的师德师风，在此基础上依据教师专业成长的基本规律及不同水平教师专业发展的不同需求，采取不同层次的帮扶措施及相应的激励机制，有效促进教师的专业化发展。

（三）组织领导——优化内部管理和调适外部环境

组织领导是实施价值领导与教学领导的重要保障。为保障幼儿园发展规划的有效落实、保育教育活动及各项事务的正常运转，园长不仅要做好内部组织管理，还要协调好外部关系。组织领导包括优化内部管理和调适外部环境两方面的内容。在优化内部管理方面，园长应建立健全幼儿园的各项规章制度，优化配置人力、物力和财力等多种资源，采取有力措施激发与协调幼儿园内部各方面的力量，使大家能够齐心协力地做好各项工作。在调试外部环境方面，园长应积极与社会各个方面进行有效的沟通，努力获得上级部门的支持及家长对幼儿园工作的理解与配合，加强园际之间的交流与互助，充分挖掘、整合、利用园外的各种教育资源，同时热心服务社区和家长。

典型案例

案例 2-1　　同心同德

又是一年一度的先进班组评选时间，这次先进班组的评审专家由工会主席来担任，但却发生了一个奇怪的现象。某天晚上，我突然被拉进一个 10 人微信群里，都是我们单位的老师，他们为何将我单独拉进一个群里，有什么问题不能当面说吗?

几位老师在群里对工会主席宣布的评审结果提出了种种疑问，这到底是怎么回事呢？原来是因为工会主席先后发布了两种评选规则，每次都不一样。第一种：参与者都有奖励，每人200元；第二种，根据评选排名发放，最高分的班组奖励1000元，其他班组无奖励。两次完全不同的评选方式引起了工会委员的极大不满，而工会主席在面对质疑时，态度强硬，只说他是按照规矩办事，其他并未作过多的解释。于是，这些老师便找到了我，希望通过我得到一个合理的解释。

面对几位老师的抱怨，我首先安抚他们的情绪，向他们承诺会给出一个合理的解释。接着，我找到工会主席了解情况。工会主席说："首先，取消第一种将钱平分的方法是因为不符合国家规定，所以在了解情况后便第一时间进行修改。其次，虽然每位参与活动的老师都付出了努力，但总有优劣之分，因此想到了按照排名来发放。最后，为了尽快让大家知道评奖规则，因此便将规则提前公布在教师群。"我能够站在工会主席的角度看待这个问题，他确实为评选活动付出了很多辛苦，做了很多的工作，但是结果却不尽如人意，那现在该如何解决呢？我们坐在一起商讨。

第一，核算所有组别评审所需奖金额度，在不超过国家规定的前提下给予大力支持，不合适的地方再与大家一起商量。

第二，评审方式采取公开、透明化处理，努力让每一位参与评选的先进班组都能详细了解规则，争取大家的理解与支持。

第三，共商共议，民主决策，与每个组别负责人商议评选结果，确定合理后再对最终方案进行公示。

第四，评审结果一经公布，坚决执行，绝不反复修改。

工会主席按照商议的方案，先确定了详细的评审方案，然后和各组别负责人共同商议确定最终方案，最后将该方案在职工大会上进行宣读。此次评选活动圆满结束。

此次事件过后，园长深刻认识到先进班组评选工作存在制度不完善等问题。经过与工会主席多次商讨，征求教职工意见，幼儿园对评选制度进行了补充与完善，力求评选细则清晰、完善，评选流程公开、公正，监督小组工作落实到位。

专家解读

管理的魅力在于“真”

这类事件在很多幼儿园都会发生。案例中工会主席几次行为的初衷并没有问题，比如，第一次希望每位教师都有奖励，第二次根据规定采取排名的方式等。然而，为什么引发了教师的不满呢？

我们可将原因归结为：具有激励作用的考核、奖励制度成了个人化的管理行为。这带来了几个问题：第一，工会主席个人定义的奖惩机制是否合理；第二，工会主席个人的决定是否经过园所考核小组（如果有）的审议；第三，公开文件儿经易改，是否合理；第四，工会主席个人工作风格是否存在问题。

幼儿园是怎么处理的呢？看看园长的行为，呈现了管理“真”的魅力。其一，理解教师的心理，换位思考；其二，及时做出行动，与工会主席沟通，了解事件背后的原因；其三，支持后续的调整，与工会主席一起商议事件处理方式，并对相关制度进行完善。

从中我们能发现幼儿园管理的要义。首先，制度要规范。人事制度、管理制度、考核制度往往会成为员工行为的指示标，通过制度的外在规范可以使个人行为规范化，从而实现管理目标。其次，教师中女性占比高，要求管理更多结合女性的心理特点和行为特点，计划、组织、指挥和控制的常态方式在幼儿园应调整为倾听、理解、互信与共享。总之，管理追求同心同德，互相信任。

（上海市静安区安庆幼儿园园长　温剑青）

三、园长的影响力

影响力是指一个人在与其他人交往中，影响和改变他人心理和行为的能力。一个领导者是否具有强大而有效的影响力，取决于许多因素，大致可以分为权力性和非权力性两类。权力性影响力是由社会的正式组织与群体赋予个人的，对他人的影响带有强制性；被领导者的心理和行为是被动、服从的，与领导者之间有较大的心理距离。非权力性影响力是指在职务权力要素之外，渗透在管理活动之中，确能增强管理效能的因素，由思想品格、学识、才干、人格、职业道德、理想追求及资历等个人因素所组成。与权力性影响力相比，园长的非权力性影响力对教职工不带任何强制性，却能聚人心、增活力，有较大的吸引力、感召力和示范效应，是每个园长不容忽视且必须认真对待的问题。增强园长的非权力性影响力，必须在提高园长自身的综合素质上下功夫。

（一）勤政廉洁、为人正直

古人云，其身正，不令而行；其身不正，虽令不从。要使教职员工心服口服，园长在各方面必须起表率作用。工作中要求员工做到的，自己先做到；要求员工不做的，自己坚决不做。工作中努力做到公正廉洁，对待员工做到一碗水端平，不分亲疏好恶，妥善处理各种矛盾，凡事做到对事不对人，实事求是，坚持真理，严以律己，勇于承担责任。

（二）以友相待、以诚相待、以情相待

感情是非权力性影响力的基础之一。为了取得员工的理解、支持，园长应注重感情联络，经常与员工沟通交流，关心员工的生活，主动为员工排忧解难，建立起既是上下级更是朋友的关系。协调好人际关系，能使幼儿园保持团结合作、正常稳定的工作秩序，并且富有朝气。总之，“情”是切入口，但也要注意坚持原则，做到刚柔并济，从而达到管理目的。

（三）提高自己的教学研究能力和管理水平

管理能力出色、管理思路科学、业绩优良的园长，会使员工充满信心，自觉追随。因此，园长要时时刻刻保持更新知识的紧迫感，定期学习和研究专业知识、管理知识，关注社会变化，开阔视野。

四、园长的领导力

领导力意味着在管辖的范围内充分利用人力等条件，以最小的成本办成事，提高整个团体的办事效率。幼儿园园长只有不断提高自己的领导力，才能适应现代学前教育的发展需要。

（一）营造和谐人际关系

良好人际关系的建立必须以情感为基础。优秀的园长首先考虑从情感上影响教职工，使大家意见一致，团结在一起。首先，园长在管理过程中应善用情感艺术，促进人与人的和睦相处，做到与每位员工坦诚相见，平等对待。清楚地了解每位员工的心理需要，真心实意去尊重每位员工，激励他们热爱事业。体贴、关心、帮助教师解决生活中的困难，做到以情动人，以爱换心，使幼儿园中的每个成员积极工作。其次，园长要以身作则，管理自己的情绪，用积极的、豁达的精神面貌影响员工。最后，园长应建立信息沟通渠道，做到用人所长，委职放权，充分沟通，让每个员工都能有机会表达自己对园所发展的意见和建议，形成领导者与被领导者之间平等、宽松的情感环境。

（二）不断提升专业素养

在幼儿园各项工作中，保教工作始终是幼儿园的核心任务，同时也是园长领导工作的重点。园长只有具有较高专业素养，才能合理地规划幼儿园的发展，提升幼儿园质量，为教师提供更专业的指导和支持。首先，园长不仅要掌握幼儿园保教工作的原则和原理，更要熟知幼儿身心发展的基本规律和特点，通过创设适宜环境、安排一日生活和游戏活动等，提供有质量的幼儿园保育和教育。其次，园长要重视幼儿园课程的开发，立足本园实际，引导教师对教育资源进行充分挖掘、组织和整合，对课程进行科学、长远规划，制定完整的课程开发和实施制度。在这个过程中，园长鼓励教师成为课程建设的主体。园长还要经常深入教学一线，通过巡班、听课的方式，随时了解班级活动的开展情况，发现问题及时给予指导。再次，园长应了解本园教师专业发展的需求、长项与短板，将教师组成不同的专业发展共同体，促进每位教师的专业发展。最后，园长要积极组织开展教科研活动，切实发挥教科研对教师专业成长及幼儿园质量的促进作用。

五、园长的领导风格

领导风格是个人在长期的经历、领导实践中逐步形成的，并在领导实践中自觉或不自觉地发挥作用，具有较强的个性化色彩。心理学家勒温把领导风格分为三种：专制型、民主型和放任型。不同的领导风格对团体成员的工作绩效和工作满意度有着不同的影响。

（一）专制型领导

专制型领导更注重工作的目标，更关心工作的任务和工作的效率，对团队成员的关心不够，与被领导者之间的社会心理距离比较大，对被领导者相对缺乏敏感性，容易使群体成员产生挫折感和机械化的行为倾向。专制型团队的权力在领导者个人手中，团队成员均处于一种无权参与决策的从属地位。团队的目标和工作方针都由领导者制定，具体的工作安排和人员调配也由领导者决定。领导者根据个人的了解与判断来监督和控制团队成员的工作。这容易导致团队缺乏创新与合作精神，甚至使成员之间产生攻击性行为。

（二）民主型领导

民主型团队的权力定位于全体成员，领导者主要起到一个指导者或主持人的作用，团队的目标和工作方针尽量公之于众，征求大家的意见并尽量获得大家的赞同。具体的工作安排和人员调配等问题，主要由共同协商决定。有关团队工作的各种意见和建议会得到领导者鼓励，而且很可能会被采纳，重要决策多经过充分协商讨论后做出。民主型的领导者注重对团队成员的工作加以鼓励和协助，关心并满足团队成员的需要，能够在组织中营造一种民主与平等的氛围。在这种领导风格下，被领导者与领导者之间的社会心理距离较近，团队成员的工作动机和自主完成任务的能力较强，责任心也比较强。

（三）放任型领导

放任型团队的权力定位于每一个成员，领导者置身于团队工作之外，只起到一种被动服务的作用，其扮演的角色类似情报传递员和后勤服务员。领导者缺乏关于团体目标和工作方针的指示，对具体工作安排和人员调配也不做明确指导。领导者满足于任务布置和物质条件的提供，对团体成员的具体执行情况既不主动协助，也不进行监督和控制，听任团队成员各行其是，自主进行决定，对工作成果不做任何评价和奖惩。在这种团队中，非生产性的活动很多，工作的进展不稳定，效率不高，成员之间存在过多的与工作无关的争辩和讨论，人际关系淡薄，但很少发生冲突。

典型案例

案例 2-2　　“反常”的张老师

张老师性格活泼开朗，待人真诚友善，热爱幼儿，业务精湛，得到同事和家长的一致好评，敢于给幼儿园献计献策，经常向园长转达教职工意见。但是最近张老师工作劲头远不如从前，甚至变得越来越沉默寡言，不愿意过多发表自己的意见与见解，拒绝参加各种集体活动，经常刻意回避园长。大家都很疑惑，为何一向积极的张老师突然之间发生这么大的转变？经过多次沟通，张老师才愿意说出心里话。原来是因为开职评会时，职评会成员不同意园长的方案，张老师正要说出理由，被园长强行制止，怕她的话有导向作用。张老师一时气愤，便与园长吵了起来。她认为园长霸道、专横，工作没有人情味，不讲民主，开始违背园长的意愿，不听从园长指挥。此事在本园教职工中影响较大。

案例分析

从案例中可知，张老师深受大家喜爱，业务能力强，敢于发表意见，也勇于建言献策。园长强行制止张老师发言，是不尊重员工的表现，也是缺乏民主精神的表现，不仅降低了张老师的工作积极性，而且会对以后工作产生不良影响。其他教师也可能会认为园长是一个霸道专制的人，会不自觉地产生抵触情绪，影响工作积极性。

幼儿园的管理工作本身就是做人的工作，只有做好人的工作，园长才能发挥领导职能，调动员工工作的积极性，否则影响工作，甚至引起对立、对抗。

对症下药

为了避免类似问题的产生，幼儿园园长在管理中应注重以下几点。

首先，园长不可以随心所欲，按个人主观意愿行事，在对人的管理与限制约束之间画等号。只有把关心人和关心工作、把以人为中心和以工作为中心结合起来，以人为本，管理工作才能更加顺畅。

其次，调动人积极性的关键是满足其需要。园长应广泛采纳教职工意见，尊重和关心教职工，满足教职工的合理要求，巩固教职工主人翁地位，调动其积极性；遵循人的管理与制度的管理相结合的原则，树立领导威信。

总之，幼儿园园长在管理幼儿园工作时，应做到以情生威，以德增威，以才胜威，成为一个令人信服的好园长，带领教职工共同努力。

六、园长的领导艺术

所谓园长领导艺术是指园长在一定学识、智慧、能力、经验和气质等因素的基础上，为实现幼儿园目标而灵活、恰当、创造性运用的领导策略、技巧和风格，它是领导者的素质和领导水平的综合表现。领导职能是在人与人的交往过程中实现的，在领导过程中必然存在着各种各样的人际关系。从幼儿园管理实践来看，造成管理水平不高的一个重要原因是人际关系不协调，因此，善于协调各种人际关系，是领导艺术的一个重要方面，它主要包括了以下几个方面。

（一）随机决断统全局——决断艺术

园长要熟练地运用随机决断艺术，关键在于有勇有谋，统筹全局。首先，有勇有谋是随机决断的前提。试想，一个园长如果只有勇敢果断的精神，缺乏谋略，那么就会鲁莽从事，留下后患；一个园长虽然谋略在胸，然而缺乏勇敢果断的气质，在困难面前缩手缩脚，在问题面前优柔寡断，那么再好的策略也无济于事。因此，谋与断是决断艺术相互关联的两个方面，缺一不可。其次，统筹全局是随机决断的依据。园长的勇和谋只能来自对客观事物及规律的认识，从全局出发，从行为的最终结果着眼，分清轻重缓急，理顺主次关系，服从总体、兼顾局部是决断艺术的一个关键。最后，科学地运用“两分法”，园长看问题要从正反两个方面，多视角观察。只有根据实际发展变化的情况，当机立断，调整原定的计划部署，随时纠正错误，才能因机取胜。

（二）以身作则树威信——身教艺术

园长要善于运用非权力性影响的管理艺术即身教艺术，它源于领导者自身的人格力量。第一，精神力量。园长必须具备坚韧不拔、锲而不舍的精神，善于利用现有条件，开创教育工作的新局面。园长要实实在在地搞好幼儿园的教育管理工作，发扬求实精神，做教师的表率，树立公仆意识，以不计得失、不求索取的奉献精神为幼儿、家长和员工服务，把个人的甘甜融进幼儿教育事业中。第二，修养力量。园长要提高自身的道德、心理和文化素养。严于律己、宽以待人，做到“容人、容事、容言”。

（三）远虑先行求变革——创新艺术

园长要敢于向不适应时代发展的传统观念和做法提出挑战。园长既要能洞察现实，更要能思考未来，从整体和长远的利益出发，用发展的观点确定工作计划及目标，以保证教育决策具有先行性。首先，变革观念，树立强烈的创新意识，在信息技术的引导下，以变应变，因地制宜，做到“先一步、高一等、优一层”。其次，变革能力结构。园长要率先学习和运用新知识、新技术，追求自我超越，实施科学管理，由事务型领导转向科研型领导，由贯彻上级指令转向善于发现、善于实践的创造型管理者。

（四）情若春风爱无声——情感艺术

园长在管理过程中应善用情感艺术，促进人与人之间的和睦相处。幼儿园是多由女性组成的一个特殊群体，尤其需要园长合理运用情感的隐性感化力量。园长必须了解每个教师的需要，以情动人，以爱换心，帮助教师解决生活中的困难，团结与自己意见相左的教师，增强集体的凝聚力、战斗力。

（五）不拘一格用人才——用人艺术

园长应最大限度地把握好用人艺术，知人善任。第一，职能相称，能级相应，既不可大材小用，也不小材大用，更不无才乱用。第二，用其所长，人事相宜。着眼于个人的专长和特点，使之有用武之地。所谓“骏马能历险，犁田不如牛，坚车能载重，渡河不如舟”，用人贵在用其长、避其短。第三，用人唯贤，破石拔玉。对确有能力才干的人，应不拘一格，大胆使用，让其在相应的岗位上充分发挥作用，但也不能迁就他们的问题。谨记“好鼓也得重锤敲”，只有坚持高标准、严要求，才能培养出德才兼备的好教师。

第二节　幼儿园教职工管理

教职工管理是幼儿园管理的核心要素。本节主要从工作分析、招聘管理、培训管理、绩效管理、薪资管理、激励管理这六个方面介绍实用的幼儿园教职工管理办法。

一、工作分析

工作分析是对组织内部各项工作系统分析的过程，一般分为四个阶段：准备阶段、调查阶段、分析阶段和完成阶段。这四个阶段关系密切，相互影响。

（一）准备和调查

工作分析的准备阶段主要是对工作分析进行全面的设计。幼儿园领导需要成立由园长、工作分析专家、各岗位负责人、教职工代表组成的工作分析小组；确定工作分析小组开展工作的原则与要求；确定工作分析的目的、方法及步骤；确定调查与分析的样本，并使其具有代表性。

调查阶段是对整个工作内容、工作环境、工作条件、任职资格等方面进行全面调查的过程。在调查阶段需要根据不同的岗位选择不同的调查对象和调查方法。如果对新岗位进行工作分析，则需要广泛查阅资料，收集有关新工作的所有信息。如果对已经存在的岗位进行工作分析，可以通过观察或访谈岗位员工来获取信息。

（二）归纳拟定岗位说明书

在做完前期的铺垫之后，管理者就可以根据收集来的信息进行认真分析，设计岗位说明书。一份好的岗位说明书应包括工作名称、工作条件、主要职责和职责要求等。岗位说明书的描述还应尽可能具体，对于每项责任，至少要写出一种可测量的结果（见表 2-1）。

表 2–1　主班教师岗位说明书

职位名称	主班教师	直接上级	保教主任
岗位职责			
序号	工作内容	工作标准	
1	全面负责本班教育和保育工作	遵循幼儿身心发展规律，结合本班幼儿特点，制订班级保教工作计划，组织幼儿一日活动，为幼儿提供安全舒适的生活环境，促进幼儿全面发展，防止意外事故的发生	
2	组织幼儿一日活动，促进幼儿全面发展	根据一日工作流程开展工作，能进行个别化教育，研究改进本班工作	
3	为幼儿提供安全舒适的生活环境，防止意外事故的发生	1. 撰写班级安全预案 2. 防止幼儿安全事故的发生 3. 对本班教保人员进行安全教育	
4	协助园长做好本班工作人员的思想工作	1. 每周召开一次班务会议 2. 及时传达幼儿园精神与决定，团结同事，沟通思想，交流情况 3. 合理分配工作任务	
5	制作教玩具，不断提高业务水平	1. 参加教研、科研活动及业务学习 2. 制作教玩具 3. 掌握听课、说课、评课的方法	
6	做好家长工作	1. 了解幼儿家长的基本情况及家庭教育情况，处理好家长投诉 2. 每学期安排 2—3 次家长活动 3. 办好家长宣传栏 4. 每学期对幼儿进行两次家访 5. 指导家长开展家庭教育 6. 每周向家长反馈一次家园联系本 7. 新生入园第一周每天电话家访	
7	做好班级财产、物资管理工作	1. 对班级财产进行登记 2. 对班级财产进行管理（包括教具、教学用品）	
8	做好全班幼儿接送的安排	遵守《接送车管理制度》	

续表

序号	工作内容	工作标准
9	创设环境	1. 自然角、主题墙及家长宣传栏的创建、更新 2. 每周活动计划表
10	组织幼儿大型集体活动	组织幼儿参加运动会、六一、毕业典礼、户外活动等
11	完成临时交办的其他工作任务	按时、按质完成
任职资格要求		
生理要求	年龄	不限
	健康状况	良好
	性别	不限
	口语	普通话标准流利，声音甜美
知识技能要求	学历	中专及以上
	工作经验	从事幼儿园教育工作三年以上
	专业背景	幼儿教育 / 音乐 / 舞蹈等
	计算机	能熟练操作基本的办公软件
能力	口头表达	谈吐大方，口才良好
	文字表达	能拟制较高要求的报表、报告及各种应用文
	沟通能力	一定的应变、协调、沟通能力
性格特征	热情大方，积极主动，兴趣广泛，有良好的服务意识	
品质	细致、耐心，纪律观念强，有吃苦耐劳精神及良好的团队合作意识	

典型案例

案例 2-3 “人荒”心也慌

“园长，赶紧招人吧，这么多活儿我一人真干不过来。”“园长，太累了，我都不想干了。”刚收拾完库房回到办公室的李园长，水都没来得及喝一口，就被两位年级组长堵在门口。听着她俩的抱怨，李园长只怨当初自己没有做好工作分析。

三年前，李园长开办了这所中大规模的幼儿园，为了成本考虑，她尽量缩减人员，每个人都身兼数职，甚至李园长自己也要兼任保健医、财务和库管等。一段时间后，各种问题接踵而来，如教学主任正组织教研，被要求去接待看园的家长；后勤主任正在准备物资，又被叫去维修等。大家身心疲惫，叫苦不迭。个别员工甚至提出离职，这让本就闹“人荒”的幼儿园雪上加霜，更让李园长心慌不已。

（案例提供：辽宁省沈阳市浑南区教育局花语幼儿园　王繁）

案例分析

案例中的李园长在没有做工作分析的情况下，采用“一个萝卜几个坑”的人事安排方式，导致教职工数量过少，几乎所有员工都需要身兼多职，每个人都忙得像陀螺一样。这种情况持续久了，可能会导致教职工产生职业倦怠。幼儿园作为一个组织机构，各岗位有不同的要求，园长要进行工作分析，编写规范的职位说明书，明确各岗位的工作职责权限、任职资格、工作特点、工作目标等重要内容，保证配足各岗位所需的人手，使得每个人都各司其职，大家团结一致，促进园所更好地发展。

对症下药

案例中的李园长可以根据园所的实际情况对园所内岗位进行分析，在此基础上改进原先的人事安排。首先，李园长需要成立由各岗位负责人、教职工代表组成的工作分析小组。其次，工作分析小组需要对各个岗位、工作流程等主要方面进行全面调查。针对调查中发现的一些问题，也为了收集问卷调查难以获得的其他信息，可以采用面谈法与教职工面对面地交流。最后，工作分析小组需要认真分析收集来的信息，设计岗位说明书，并根据实际需要再次招聘，配足各岗位所需的人手。

二、招聘管理

人才是幼儿园的核心，招聘到合适的教职工，意味着幼儿园拥有了更高的工作效率和社会效益，反之则会损害幼儿园的声誉，甚至威胁幼儿园的生存。幼儿园的招聘工作主要包括三个环节：人员招募、测评选拔和考核录用。

（一）内外结合招募新人

人员招募是招聘工作的第一环节，主要包括招聘方法的确定、招聘信息的发布等环节。

1. 确定招聘方法

为了招聘到岗位适配度最高的教职工，幼儿园应采取内部招聘和外部招聘相结合的招聘方法，综合发挥两者的优势。内部招聘可通过查看教职工档案、组织内部员工推荐等方式进行。外部招聘可以通过校园招聘、社会招聘，可以自己组织，也可以借助网络及第三方机构。

2. 拟定招聘启事、岗位申请表

招聘启事的重点在于简单明了、引人注目，必须包含以下信息：幼儿园名称及地址、工作岗位名称及简单介绍、必备的任职资格、应聘截止时间及联系电话等。相关岗位申请表有助于后续对应聘者进行筛选，在设计时应注意包含应聘者的姓名、年龄、电话等基本信息，以及求职意向、受教育经历、工作经历等信息。

3. 发布招聘启事

招聘启事的发布形式主要包括线上和线下两种。线上是通过网络、电视等发布招聘启事，线下包括张贴招聘广告、借助报纸杂志、参加招聘会等形式。其中，校园招聘是十分高效的发布方式。在参加校园招聘之前，相关工作人员应与协作方积极沟通，做好充分准备。

（二）测评选拔确定人选

幼儿园经过初筛、考试、测验、体检等流程之后，可以确定最终的录用名单。

1. 初筛

通过应聘人员提交的申请表和个人简历等，初步筛选出符合要求的人员，并通知下一步考试的时间、地点等注意事项。

2. 考试

考试通常分成笔试和面试。不同岗位笔试的题目应有所差别：教师应侧重考查幼儿教育和保育知识，保健医应侧重考查卫生保健相关知识。通过笔试的应聘者可以进入面试环节。

面试前应根据岗位说明书拟定不同的面试形式，比如教师的面试内容包括试讲、技能展示等，保育员的面试可包括内务整理等。

正式面试时，应按照拟定的形式进行。面试的最后，面试官应向应聘者提供关于幼儿园和工作岗位的一些信息。面试结束后，面试小组要整理好面试记录并对应聘者进行评估。倘若小组内成员对某一应聘者的评估意见存在分歧，可依据实际情况安排第二次面试。

3. 测验

为了进一步加强对候选人素质的了解，幼儿园还可以安排一些测试，如人格测验、心理健康测验等，进一步缩小候选人的范围。

4. 体检

幼儿园要通知考试和测验合格的候选人进行体检，以检查其身体健康状况是否符合职位要求。此外，体检也有助于安排保险和福利措施等。

5. 招聘结果反馈

确定最终录用名单之后，面试小组要进行内部反馈和外部反馈。内部反馈指的是将招聘结果反馈给幼儿园人事部门，外部反馈是将招聘结果反馈给应聘者并进行公示。对于被录用人员，应通过电话和短信告知其报到的时间、程序等。对于未被录用的应聘者，也应通知到本人并对参加本园的招聘活动表示感谢。

（三）合理安排考核录用

人员录用阶段主要包括试用和正式录用。

试用前，幼儿园要与拟招聘人员签订试用合同，为其安排合适的岗位。在3—6个月的试用期中，考核人员应全面考察试用员工的工作能力、品行等综合素质。试用期结束后，考核人员要对其表现进行综合评议，确定是否正式录用。

幼儿园对试用合格的人员进行正式录用时，应与其签订正式的合同，为其提供相应的薪资和福利待遇，制定职业发展规划。

三、培训管理

幼儿园对教职工的培训贯穿教职工整个聘用时期，主要包括岗前培训和在职培训两大类。这里主要介绍几种切实有效的培训方式。

（一）岗前培训

在幼儿园开展的所有培训当中，岗前培训有其特殊性。除了通常培训所涉及的专业知识与技能之外，岗前培训还要让新入职的教职工了解幼儿园的相关信息，增强教职工的归属感，让他们轻松愉快地成为团队中的一员。特殊培训和师徒结对培训这两种方式能够满足岗前培训的基本需求。

1. 特殊培训

为了让教职工了解幼儿园的相关信息，培训者可以带领新员工参观幼儿园的环境，介绍本园的文化特色、教学理念、发展目标及战略等信息，使新员工加深对幼儿园管理、规划等的理解。在参观结束后，培训者可以给新员工发放员工手册，并简单介绍幼儿园的政策、规章制度和运作流程。

为了帮助新员工尽快融入团队，增强其归属感，幼儿园可以举办一个小型会议，帮助新老员工彼此快速熟悉。此外，幼儿园还可以送给新员工印有园所标志的纪念品，帮助新员工备齐所需的办公用品，让新员工感受到园所对他们的欢迎与重视。

2. 师徒结对培训

师徒结对培训主要是针对新手教师的培训方式，即新入职的教师拜经验丰富的教师为师，学习知识技能，尽快熟悉工作。幼儿园应建立师徒结对机制，规范师徒培训流程。可以在原有班级师徒结对的基础上，拓展师徒结对的形式，如根据新教师的教学兴趣或专业弱项，帮助其与园内优秀教师结成师徒关系，进行专项结对培训活动，以更好发挥新教师的专项特长或弥补其业务短板。

（二）在职培训

幼儿园应将教职工在职培训作为常规性工作纳入幼儿园的发展规划中。此处主要介绍两种在职培训方法。

1. 观摩学习

观摩学习包括园内观摩学习和园外观摩学习两种方式，多面向保教人员使用。园内观摩学习需要组织保教人员相互观摩活动并进行评价交流，从而发现不足，相互学习，共同提高。在这一过程中，管理者应注意发挥优秀保教人员的榜样示范作用，以推广其经验，促进全园保教水平的提升。园外观摩学习需要组织教职工到在某些领域表现优异的幼儿园进行观摩学习，吸收其他幼儿园的宝贵经验，再依据本园情况加以应用。

2. 业务培训

幼儿园可以根据教职工在工作中遇到的实际问题开展专题业务培训，可利用的资源包括内部和外部两种。幼儿园应充分利用部门领导和具备特殊技能的员工这两种内部培训资源，合理组织他们对园所内有需求的教职工进行业务培训。如果幼儿园业务繁忙，没有余力调动内部资源进行培训，也可以利用外部培训资源。专业培训机构、当地的高校和研究会等都可以提供各种培训项目。培训结束后可以安排交流与分享会，让参加培训的教职工与同事分享学到的知识与技能，以获得最大的收益。

典型案例

案例 2–4 沉浸式培训

如何做好家长工作是新教师培训内容的重要组成部分。在以往的新教师培训中，我们都采取案例讲述的方法。但是，今年的新教师培训，我们采用了沉浸式游戏的新方法。

我们邀请所有的在岗教师担任评委，特别安排一位教师担任家长角色，抽到题目与新教师来一场“真正的家长工作”。当“家长”激动地找到教师，抛出问题的时候，新教师尝试与“家长”沟通解决问题。结束后，请大家对新教师家长工作的方法和效果进行评价，并提出自己的建议。在岗教师把自己遇到类似问题时的过程、结果、经验、感受讲出来，既是对新教师的启发，也是对其他教师的参考。最后，园领导对活动进行总结，对新教师在今后的家长工作提出建议和要求。

（案例提供：辽宁省沈阳市大东区教育局小北幼儿园　华苏阳）

案例分析

案例中幼儿园的教师培训遵守了内部管理以人为本的民主性原则，取得了良好的效果。首先，在培训内容上，幼儿园站在新手教师的角度，选择了他们会遇到的家长工作方面的问题，培训内容贴近实际，能够真正帮助到新手教师。其次，在培训方法上，避免了以往新教师培训当中偏理论的案例讲述法，而是进行沉浸式游戏，请部分教师担任家长角色。这种新颖有趣的培训方法，既能调动所有教师的积极性，又能保持良好的培训氛围。最后，在培训对象上，新教师从实战中获得体验，在岗教师在回顾中梳理经验，这种几乎全员参与的培训激发了新教师和在岗教师深刻的思考。

法条链接

《幼儿园工作规程》第四十条明确规定幼儿园园长负责幼儿园的全面工作，主要职责包括：负责教职工的思想工作，组织业务学习，并为他们的学习、进修、教育研究创造必要的条件。

四、绩效管理

绩效是幼儿园教职工在一定时间内工作行为、方式、结果及其产生的客观影响。绩效管理的基本过程可大致分为建立绩效评价标准、实施绩效考核、考核信息反馈和考核结果运用。

（一）评价标准科学合理

不同职务的绩效评估标准不同，针对园所内的教职工群体，幼儿园绩效评估标准至少应包括三类：教师绩效评估标准、保育员绩效评估标准和后勤工作人员绩效评估标准。幼儿园可以结合本园特点对已有的绩效评估标准进行改进，形成适合本园的绩效评估标准，也可以自己拟定绩效评估标准。

制定绩效评估标准时，首先要对被考核职位进行工作分析，通过参考该职位的工作内容，对该职位员工、上级进行调查，找出该职位工作的关键点。其次要对关键点内容进行细化，并确定每个指标的权重分数，形成该职位的绩效考评标准。最后要通过专家咨询法等方法对绩效考评标准进行完善，以保证考核指标更趋合理。

（二）考核评定求实求是

在实施绩效考核之前，幼儿园应成立评价小组并对组内成员进行培训，使之熟悉评价标准和考核方法。幼儿园常用的考核方法有以下几种。

第一种是图尺度评价法，即在制定好绩效考核指标的基础上，针对教职工的绩效表现，确定其每一项指标的具体分数，然后汇总每一位教职工的所得分数，得到其最终的工作绩效评价结果。

第二种是行为锚定法。这种方法将图尺度评价法与关键事件法结合起来，通常按以下步骤进行：①寻找关键事件；②初步定义绩效评价指标；③重新分配关键事件；④确定相应的绩效评价指标；⑤确定各关键事件的评价等级；⑥建立最终的行为锚定评价体系。在操作过程中，第一步要求对工作较为了解的教师或园长描述这份工作有效的关键行为事件；第二步要求将关键行为事件归纳为几个要素；第三步要求另外一组同样对工作比较了解的员工对原始的关键行为事件进行重排，确定这些关键事件的最终位置；第四步要求确定每一关键行为事件代表的分值；第五步最终确定每个维度的行为锚点。

第三种是 360 度反馈法。如针对教师的评价可要求与教师有密切关系的人，包括园长、保育员、家长等分别匿名对教师进行评价，教师自己也对自己进行评价。然后，由园长及专业人员根据相关人员对教师的评价，对比教师的自我评价，向教师提供反馈，帮助教师了解自身的长处和短处，不断提高自己。

（三）绩效面谈反馈结果

绩效考核的目的之一是提高工作效率，因此，幼儿园管理者应通过绩效面谈及时地将绩效考核结果反馈给教职工。绩效面谈指的是幼儿园管理者针对教职工绩效表现与教职工进行的检视和讨论。绩效面谈应覆盖全体教职工，为他们提供一个与上级沟通的机会，以便领导者了解教职工工作的实际情况和困难之处，及时提供帮助。在沟通时，如果管理者与教职工针对绩效考核结果的意见不一致，管理者应充分听取教职工的意见，并适时提出具体的评分依据或记录。

（四）运用结果提高绩效

幼儿园管理者应合理运用绩效考核结果，将其作为绩效工资分配的主要依据。对于达成或超出绩效目标的教职工，要将其纳入奖励性绩效工资调整和职务晋升的范围。针对没有达到绩效目标或出现绩效问题的教职工，除了采取奖励下浮等惩罚外，还要及时介入进行解决：第一，管理者应仔细审查绩效存在问题或者绩效不足的方面，并把细节记录下来，以便在之后的分析过程中进行查阅；第二，确定问题是否严重以及产生问题的原因；第三，制订绩效改进计划。针对导致绩效问题的不同原因，需要制订不同的绩效改进计划。如果是因为教职工缺乏胜任工作的技能，管理者可以先向其提供有关信息，使其意识到自身的技能不足，接着为其制订培训计划，然后经过阶段性的实践，检验培训效果。如果教职工不存在技能欠缺，可以通过深度交流了解其他原因，制订改进计划。计划要有时间性，包括分阶段执行的时间表以保证改进计划高效完成。当教职工的绩效有所改进时，管理者可以给予其一定的奖励。

五、薪资管理

为了保证幼儿园的薪资设计对内具有公平性，对外具有竞争力，管理者需要做好充足的准备工作，并在设计出薪资体系后根据实际情况不断调整。

（一）分析调查

在制定工资制度之前需要进行职位分析、职位评价、薪资调查和薪资定位。只有做到了这些，才能设计出合理的工资制度。

1. 职位分析

职位分析是确定工资的依据。幼儿园需结合实际情况，全面调查和分析园内各种职位的责任要求，并对其进行描述和规定。

2. 职位评价

职位评价是职位分析的延续，职位分析结果是职位评价的前提。职位评价是对园内所有职位的相对价值进行综合评价，从而得出工资级别，保障工资设计的对内公平。职位评价的方法有很多，考虑到幼儿园的职位设置不算复杂，一般采用相对简单的职位评价。

3. 薪资调查

为了使本园薪资设计具有外部竞争力，幼儿园要进行薪资调查，参考市场的薪资水平确定教职工的工资水平。在进行薪资调查时，首先要确定调查对象，一般选择与本园相关性较大的竞争园。如果这样的幼儿园较少，可以对所有有竞争关系的幼儿园进行调查。其次要确定调查内容，调查内容主要包括本地区的薪资水平和竞争园的薪资水平，重点了解竞争园内部各职务的工资水平和工资结构，包括工资范围、奖金形式、福利待遇等。最后确定调查渠道，简单的方法是幼儿园自己调查，可以从公开信息中收集，但是样本量较少。幼儿园还可以委托比较专业的咨询机构进行调查。

4. 薪资定位

调查分析市场薪资水平之后，就要确定本园所的薪资水平在劳动力市场中的相对位置。幼儿园在薪资定位时，可以选择市场匹配策略和混合策略。市场匹配策略是以市场平均水平来确定本园的薪资定位，这样设计的薪资既可以确保本园的薪资水平和与竞争园保持基本一致，又能维持一定的吸引力，维持队伍稳定。混合策略是根据职位的类型定位不同的薪资，如对核心职位给出高于市场平均水平的薪资，对其他职位给出与竞争园基本一致的薪资。

（二）合理设计

幼儿园的薪资结构一般包括以下几个部分：职位基本工资、浮动薪资、津贴和补贴、福利。

职位基本工资包括基本工资、技能工资、工龄工资。基本工资是教职工工资的基本保障，技能工资是对教职工专业技能、出勤情况等的综合考量，工龄工资一般依据教职工工龄而定。

浮动薪资包括绩效工资和奖金。绩效工资是对教职工完成绩效目标而进行的奖励。奖金是根据员工超出绩效的部分支付的薪资，是幼儿园对教职工进行短期激励的手段。

另外，幼儿园需要根据岗位设置给相应员工发放补偿性的津贴和补贴，如给门卫工人发放夜班津贴。

幼儿园教职工的福利主要包括强制性福利、幼儿园集体福利和幼儿园专属福利。强制性福利是依据法律规定，幼儿园必须向教职工提供的福利，比如养老保险、失业保险、生育保险等。幼儿园应高度重视，按照规定及时缴纳。幼儿园集体福利不受国家规定制约，幼儿园根据自己园所的实际情况自行发放，面向全体教职工，比如幼儿园为员工提供一日三餐的饮食福利、带薪休假福利等。幼儿园专属福利无法覆盖全体教职工，比如科研经费福利只面向教师群体。

（三）动态调整

薪资结构设计完毕后就可以开始实施，并需要结合实际进行适当调整。在实施过程中，幼儿园管理者应把握薪资支付艺术，运用一些技巧来增加教职工对薪资管理的满意度。首先，幼儿园应公开薪资体系和教职工的平均薪资水平，使教职工明确薪资和绩效之间的关系，有利于激励教职工积极工作。其次，还应鼓励教职工对薪资体系进行点评，通过教职工的反馈不断调整健全薪资制度。再次，幼儿园应根据教职工的年龄、需求和岗位特质，把握薪资支付的时机。面对不同年龄、不同需求的教职工，可灵活调整薪资发放时间，比如当教职工遇到经济困难时，幼儿园可提前为其发放工资，帮助他度过特殊时期。最后，管理者可以开展一定的宣传培训并与教职工沟通交流，比如可以利用薪资满意度调查等形式，介绍幼儿园的薪资体系制度，并解答教职工关于薪资方面的问题。幼儿园还应不断调整薪资，以更好地调动教职工的积极性。

典型案例

案例 2-5　工资条风波

发工资了，月月无意中看到了小博的工资条，发现自己的工资比小博少，心里很不是滋味。考虑再三，月月决定找园长询问缘由。听了月月的话，园长语重心长地说："你们俩现在都是主班教师，所以职级工资是一样的，但小博是男老师，体力好、精力旺盛是他的优势。他除了担任班级的教学工作外，还额外承担了很多工作。园里的电脑由他维修，大大小小的电器设备由他管理，各类后勤用品由他清点搬运。业余时间小博付出的要比别人多得多。"月月不好意思地低下了头。

当前幼儿园的男教师数量整体较少，为了吸引男教师的加入，很多幼儿园专门制定了"男教师优才引进"的政策，提升男教师的薪资待遇。

（案例提供：辽宁省沈阳市浑南区教育局花语幼儿园　高飞）

案例分析

案例中，月月认为小博和自己的工作内容一样，拿到的工资却比自己高，因此感觉不公平。园长的处理方式十分恰当，在月月向她询问缘由后，向月月解释清楚小博工资高的具体依据，既解开了月月的心结，又证明了幼儿园薪资管理的公平客观。目前幼儿园的男性教师数量较少，幼儿园在制定薪资政策时可以在一定程度上向男教师倾斜，提高他们的职业幸福感，吸引更多优秀的男教师加入幼儿教师这个队伍中来。但是也要及时与所有教职工进行沟通，避免部分员工产生不公平的感受。

为了吸引更多的男性教职工在幼儿园工作，幼儿园应建立完善合理的奖励机制，在保证工资公平合理的前提下，可适当提升男性教职工的物质待遇，舍得“花大钱”留住人才。此外，幼儿园也可提高骨干男幼师的津贴标准，优化政府和幼儿园的两级分配体制。幼儿园要针对男幼师建立日常和年度考核机制，结合考核结果，在薪资制度方面对男幼师倾斜，把人事制度建设与男幼师师资队伍建设的工作结合起来。

六、激励管理

幼儿园管理者实施激励管理的关键是采取有效的激励措施，激发教职工产生积极的行为动机，更好地完成行为目标。这里主要介绍两种实用性强的激励方法。

（一）目标激励

目标激励就是在综合考虑组织目标和个体目标的基础上，确定科学合理的目标，诱发人的动机和行为，调动人的积极性，满足个人自我实现需要，最终实现组织的目标。在幼儿园的实际应用中，关键是制定幼儿园的组织目标和教职工的个体目标。

1. 制定幼儿园的组织目标

幼儿园管理者应该根据自身资源实力和外部环境条件，设定一个既符合全体教职工共同愿景又切合实际的目标，作为幼儿园和全体教职工在未来一段时间努力的方向。管理者在制定目标时，应注意让教职工积极参与，与他们共同商讨。教职工的参与能增强他们对组织目标的认同感和完成目标的使命感，这些情感召唤着全体员工为实现目标共同努力奋斗。与此同时，教职工共同参与绘制的目标蓝图能让他们看到未来光明的发展前景，从而达到增强信心、鼓舞士气、激励员工的目的。

2. 制定教职工的个人目标

教职工自己制定的目标在某种意义上是对自己和幼儿园的一种承诺，目标驱动下产生的责任感和成功欲会促使他们不断努力。幼儿园可帮助教职工分析自身条件，制定与组织目标一致、既具有挑战性又具有实际意义的个人目标，然后协助他们制订更详细的实施计划，并在未来工作的开展过程中引导他们实现目标。

（二）多种奖励综合使用

奖励是幼儿园根据教职工的工作情况所给予的物质或精神的报酬。奖励作为最常用来激励教职工的方法，其应用也有一定的技巧，幼儿园管理者在应用时应注意以下几点。

1. 物质奖励和精神奖励并举

为保证物质激励达到预期效果，幼儿园管理者应注重绩效的管理，将物质激励与绩效联系起来，体现多劳多得、少劳少得、不劳不得的原则，从而调动全体教职工的积极性，提高工作质量和效率。同时应注意适时、适度、适量地进行物质激励，以避免强化教职工的物质需要。为达到更强的激励效果，幼儿园管理者应给物质激励附上精神激励的色彩，运用多种手段，对教职工的思想和情感产生影响，比如可以推荐教职工为他人分享经验，让老教师指导青年教师的工作等。

2. 个人奖励和集体奖励兼顾

如果幼儿园只重视奖励教职工个人，则可能导致教职工只重视自身，无视他人的贡献，影响团队凝聚力。因此，幼儿园管理者应平衡个人奖励和集体奖励，在对个人进行奖励的同时，对其所在的小集体也进行奖励，使得教职工意识到个人利益与团体荣誉不可分割的关系，从而形成集体荣誉感和团队协作的精神，互相帮助，共同提高。

第 三 章

幼儿园课程与教科研管理

教研主任忙碌的一天

教研主任忙碌的一天从美好的“早上好”开始。晨间点位执勤，为每一名开心入园的幼儿送上一句“早上好”。每日例行转班，发现问题及时与本班级教师进行沟通，遇到教师在主题环境、班级管理、区角创设、环境布置、观察幼儿等方面的困惑时，及时给予教师答疑解惑。在户外活动时间，与教师一起进行户外游戏观察，为教研活动积累素材。中午时间，翻阅报刊上相关文章，整理教研相关文档，书写教研方案等，或组织教师进行教研活动。在教研活动中，创设轻松的教研氛围，积极调动教师的参与热情。教研结束后，整理相关资料，并为下一次的教研做准备，结束忙碌的一天。

（案例提供：天津市北辰区宸宜幼儿园　赵静）

本案例以教研主任为例，记录了管理者忙碌的一天：从晨间的亲切问候到与教师的实时沟通，从观察幼儿活动到带领教师学习，充分体现了幼儿园管理者在课程与教科研中的重要统筹和指导作用。本章内容将围绕幼儿园课程与教科研的管理展开详细介绍。

第一节　幼儿园课程管理

在幼儿园课程建设的过程中，课程管理是决定课程成效的重要因素之一。幼儿园园长是课程的第一管理者，对幼儿园课程的质量有着重大影响。幼儿园课程首先应明确“幼儿是课程的主体”的教育理念，从幼儿发展的角度选择课程的内容；其次，要把课程组织实施的权利交给教师，为教师的发挥留有余地。在这一过程中，园长需要作为课程的引领者、探索者、挖掘者、激活者，带领教师共同建设课程，为实现幼儿的发展共同努力。

一、做课程的引领者

幼儿园园长在课程建设之初应首先明确课程中幼儿、教师及园长三者之间的关系。幼儿是学习的主体，是课程的中心点，幼儿园课程要围绕幼儿的生活和经验来展开；教师是课程实施的主体，要为幼儿的发展提供合适的支持；园长是课程管理的主体，是课程的引领者，要把握课程内容的质量。

（一）园长是课程引路人

幼儿园园长具有管理者和教育者的双重身份，做课程的引路人，是园长的职责所在。

1. 找准课程定位

课程的起点是幼儿园的发展状况和现实需要。幼儿园应以其本身的自然环境和人文环境为核心，同时将社区及地方特色等本土化资源与幼儿园自身资源相整合，并结合幼儿当前的实际发展状况，开发和建设幼儿园课程。

2. 引领课程发展

幼儿园园长作为课程管理者，要以明确的目标为导向，以新的课程理念和现代化的教育管理理念为抓手，制定具有操作性、可行性和时效性的工作计划，以此引导和带领全体教师共同建设课程。

3. 提升课程质量

幼儿园课程质量提升的关键要素是教师，园长要学会放权，把课程的权利还给教师，让教师在课程的实践中去发现幼儿、解读幼儿，为幼儿的互动和学习搭建平台，提供支持。

（二）教师是课程质量的关键保障

追随幼儿的成长需要，赋能教师的专业发展，是幼儿园课程质量提升的关键保障。

1. 建设教师学习共同体

建设教师学习共同体，充分发挥团队的力量，对课程的建设具有积极作用。在学习共同体中，教师具备学习者、反思者、合作者等多重身份。园长首先要明确共同体的构建目标，引领教师展开多方合作和互动，让教师学习共同体发挥实际效用。

2. 支持教师自主学习

幼儿园中一日生活皆课程，教师的自主学习也同样发生在幼儿的课程当中，让教师学会自主学习是课程建设的第一步。幼儿园应从多个角度支持教师的自主学习，如协助教师制订自主学习计划，营造自主学习氛围，提供信息、平台等资源上的支持。

3. 促进教师专业成长

在课程的实施中应让教师充分认识到自己的角色和地位，鼓励教师整合和挖掘课程资源，基于幼儿发展开发和设计课程内容，不断提升课程反思及评价能力，促进课程建设和幼儿发展。

（三）相信幼儿的力量

幼儿是有能力的学习者，在课程实施的过程中，教师要把自由的权利还给幼儿，把创造的机会留给幼儿，学会“放手”。

1. “自由”不是“散漫”

自由是幼儿与生俱来的天性，幼儿身上蕴藏着无限的潜能，而教育的意义在于引导幼儿的发展。因此，在幼儿园课程中首先应为幼儿的自由营造适宜的环境，包括充足的物质资源及轻松的心理氛围等。同时，也要把握自由的尺度，自由并非没有限制，无纪律、无规则的自由毫无意义。

2.“放手”不是“放任”

“放手”是课程中幼儿中心地位的最好体现。在课程中，教师要充分相信幼儿的能力，把更多的时间、空间和自主权留给幼儿，让幼儿通过亲身实践去探索和学习。当然，“放手”不意味着“放任”，而是要通过观察和沟通的方式，发现幼儿需要并提供适宜的支持。

法条链接

《幼儿园园长专业标准》指出，幼儿园园长应具备较强的课程领导和管理能力，指导幼儿园教师根据每个幼儿的发展需要，制定个性化的教育方案，组织开展灵活多样的教育活动。这表明，幼儿园园长对幼儿园课程的质量有着至关重要的作用，同时高质量的幼儿园课程也是以园长专业的、强有力的课程管理能力为基础的。

典型案例

案例 3–1 田老师的草坪婚礼①

田老师的一次请假引发了孩子们的好奇：田老师怎么了？为什么没来上班？一次充满趣味的婚礼课程也由此引发。

田老师的婚礼在下学期举办，老师们制作了“甜甜话评语卡”，让孩子在暑假也能保持对结婚话题的关注。开学后的一天，田老师带着结婚证来上班，再次引发了孩子们对“结婚”的讨论，孩子们表示：我们也想参加田老师的婚礼。这是一个十分有意义的课程契机，可是教师们都没有结过婚，经验从哪里来呢？

于是在婚礼前期，教师们尽全力为丰富孩子们经验创造机会：利用相关绘本延续孩子对结婚话题的关注，利用十一假期进行经验调查，利用结婚相关物品布置教室等。随着活动的逐步展开，孩子们也热情高涨地为田老师

① 姜佳佳 . 田老师的草坪婚礼［J］. 幼儿教育（教育教学），2020（9）：4–8. 有改动 .

“操办”起了婚礼：设计婚礼现场、剪“喜”字、做手捧花、做请柬、装喜糖等，而教师们作为观察者和支持者，一边为孩子提供材料，一边记录着他们的活动。

终于迎来了大家期盼已久的草坪婚礼。在婚礼现场，男孩子们都成为“伴郎”，女孩子们都成为“伴娘”，新娘挽着园长伯伯进入婚礼现场，孩子们接亲、见证婚礼、吃喜糖，并在婚礼结束后，用绘画记录田老师的婚礼。

就这样，一场由孩子们策划、筹办的婚礼圆满成功，他们幼小的心灵也因此播下了一颗爱的种子。

案例分析

好的课程离不开园所和教师的共同支持，离不开幼儿的主动探究和发现。

第一，课程以幼儿为中心。在上述案例中我们可以看到，幼儿充分参与课程：通过问“田老师去哪了”得知婚礼的消息，用“甜甜话评语卡”延续对婚礼的关注；通过经验调查、布置婚礼现场、为田老师操办婚礼等一系列活动参与和感受婚礼过程，在经历和体验中逐渐丰富经验。

第二，课程中教师支持幼儿的学习。虽然幼儿从未经历过婚礼，没有任何经验，但教师仍然愿意把这样难能可贵的机会留给幼儿去探索和发现。在整个活动的过程中，教师作为支持者为幼儿提供必要的帮助，如婚礼前期布置环境，在婚礼进行时为幼儿提供相应的道具，在婚礼结束后引导幼儿记录“我眼中的婚礼”等。

第三，课程的建设离不开园长的引领。在本案例中，除了新娘挽着园长伯伯进入婚礼现场的环节外，园长好像没有参与其中。但实际来看，这一课程的圆满成功离不开园长的引领和保障。园长本人对此次课程持怎样的观点，是否愿意为活动提供支持，如何用恰当的方式与家长沟通以获得家长的认同，如何优化处理家园关系，大型活动中幼儿安全该如何保障，这些问题都与园长的领导密切相关。

本案例不仅是幼儿想法的呈现，更是教师“放手”的结果。除了丰富幼儿的认知经验以外，他们还体会到什么是爱，同时用自己的实际行动传递着温暖。

二、做课程的探索者

园长应带领全体教职工不断建设幼儿园课程，充分整合、开发及利用资源，为幼儿的学习提供支持，也为幼儿的成长奠定坚实的基础。

（一）了解幼儿的学习特点

幼儿的身心发展兼具普遍性和特殊性，课程的建设与实施应当首先了解幼儿的发展特点。园长要从整体考虑各个年龄阶段幼儿的发展水平，充分运用幼儿园的现有资源并加以合理规划，促进幼儿的身心发展。在课程的实施中，园长应指导教师观察幼儿，支持幼儿。

1. 解读幼儿心理

充分了解幼儿是儿童立场的前提，只有了解幼儿的心理特点，才能展开适宜的活动。幼儿园是幼儿学习和生活的重要场所，园长要允许幼儿运用不同的方式去表达自己内心的想法，并能够从幼儿的表达中了解幼儿的需求。教师一方面应鼓励幼儿积极探索周围的世界，另一方面也要围绕幼儿的心理特点设计课程内容，让课程内容兼具挑战性和探索性，为幼儿的学习提供持续的动力。

2. 分析幼儿行为

幼儿思维以具体形象思维为主，很多时候他们的行为是其心理活动的一种折射。园长可以通过教研培训、案例学习、教育随笔等形式培养教师观察幼儿的意识及能力，为幼儿的学习提供适宜的支持。

（二）引导幼儿主动学习

幼儿园的课程建设应强调为幼儿提供操作的机会，为幼儿主动学习创造条件。

1. 创设探索性学习环境

幼儿的学习以直接经验为主，日常生活和游戏都是幼儿不断学习的过程，因此园长作为管理者应引导教师为幼儿创设富有探索性的学习环境，如允许幼儿参与环境的创设，丰富自己的生活环境，建立与环境的紧密联系；为幼儿提供数量适宜的低结构材料等，让幼儿在与材料的互动中习得经验。

2. 树立发展性学习目标

园长作为课程的领导者要设立课程的整体目标，并引导教师在整体目标的带领下制定分阶段目标，不断促进幼儿发展。

（三）满足幼儿的成长需求

发展适宜性的课程能够为幼儿的探索性学习提供内生动力。教师应从幼儿的发展需求出发，创设丰富的学习环境，把主动探索的机会留给幼儿。

1. 转变教师主导式身份

在支持幼儿学习的过程中，教师要学会转换自己的身份，不是教师“给什么”，幼儿就只能“玩什么”。要让教师意识到，只有“蹲下身”来看幼儿，去发现他们的特点及个体差异等，才能根据幼儿不同的经验水平及时调整材料、教育策略等，满足幼儿学习和发展的需求。

2. 尊重幼儿自发游戏

幼儿园应通过开展教研活动及参与教学实践等途径，提升教师的课程组织能力，让他们能为幼儿的学习提供支持，同时也能尊重幼儿在课程中的主体地位，追随幼儿的发展，灵活调整课程内容。

法条链接

《幼儿园教育指导纲要（试行）》“组织与实施”部分第十条明确指出，教师应成为幼儿学习活动的支持者、合作者、引导者。这要求教师首先以正确的态度看待幼儿，在幼儿的学习和游戏中加以引导，通过和谐的师幼互动，助力每个幼儿发展。

典型案例

案例 3–2 “给童年留白”[①]

把机会留给幼儿，是课程实施的关键点。幼儿园的生活中处处都是课程，时时都能发现教育的契机，教师要做的就是要跟随幼儿，自然而然地展开课程。

“老师你看，是不是很美？”在一次区域活动中，一向文静的小朋友突然大喊了起来。老师走进一看，一团随意摆放的毛线看上去真的很像一幅抽象大师的作品！由此，越来越多的孩子争先恐后地加入了“毛线画”的游戏中。“毛线画很漂亮，可是一碰就会掉，该怎么办？”胶水、双面胶……孩子们争论不休，最终通过实验和投票，做了最后的决定。

随着游戏的不断深入，活动区内出现了更多名家的绘本、雕塑等，为幼儿提供了无尽的创作灵感，比如后来幼儿在木工坊玩线雕游戏，偶然间发现光的“线”。线的游戏还在继续着。

案例分析

幼儿园的课程不完全是预设的，需要教师在活动展开的过程中抓住教育契机，根据兴趣进行课程创生。

在本案例中，教师通过幼儿偶然发现毛线很美，展开了一系列以线为主题的活动，抓住机会，引导幼儿主动学习。

制作毛线画、装饰毛线画等活动满足了幼儿的学习兴趣，促进了幼儿发展。教师作为幼儿学习的支持者和引导者，没有直接教幼儿技能，而是在活动区中提供了绘本、雕塑等作品，为幼儿创设环境，同时追随着幼儿的兴趣和发展需求，开展线雕游戏等。

从区域中的“一团毛线”到“毛线画”再到“线雕作品”，最后幼儿还发现了光也是有“线”的，在教师的支持和引导下，幼儿的学习逐步深入，

---

① 胡霞．向美而生 “玩”美童年：基于“活教育”理念的幼儿园美育课程案例评析［J］．教育界，2021（49）：70–72.

经验逐步拓展，也就自然而然地“生成”了课程。

三、做课程的挖掘者

挖掘课程资源，优化课程内容，是幼儿园课程建设的重要环节。如何做课程的挖掘者？园长应该明确教师在课程中的地位和角色。

（一）幼儿支持者

幼儿的学习和发展并不一定与教学同步，幼儿是在亲身感知、操作和体验中学习。

1. 发现教育机会

在课程实施的过程中，教师要善于发现生活中能够促进幼儿学习的机会，如适宜的活动材料、有趣的游戏形式，或者幼儿生活中的点滴发现，比如一只蜗牛、一片叶子、一朵小花。甚至幼儿来园路上的所见所闻，都可以成为课程的起点。教师应具备专业判断的能力。

2. 提供资源支持

幼儿间个体认知水平的发展存在一定差异，因此教师为幼儿学习提供的资源应当是多元化的。考虑到客观条件等因素的限制，教师在为幼儿提供学习资源时应着重考虑幼儿现阶段发展的关键经验，并以此作为课程活动的目标和导向，引导幼儿逐步展开学习。[①]

（二）科学研究者

课程实施的过程也应该是教学相长的过程，教师在研究中支持幼儿学习，也在研究中提升专业能力。

---

① 周起煌，汤广全．幼儿园教师的角色定位：建构主义教学理论视角［J］．陕西学前师范学院学报，2020（3）：47–51.

1. 支持幼儿发现问题

在课程中教师支持幼儿的学习，但这种支持并不是随意的，而是科学的、合理的，有益于儿童发展的。教师可以从以下三个方面入手：首先，追随幼儿兴趣，让幼儿在兴趣中探究和发现问题；其次，在活动中引导幼儿观察与发现，让幼儿有机会自主发现问题；最后，为幼儿创设轻松愉悦的心理环境，让幼儿敢问、能问、会问。

2. 引导幼儿解决问题

对幼儿来说，仅仅发现问题是不够的，要解决问题，游戏才能不断进行。教师要做的是在发现问题后迅速判断问题出现的原因：是因为物质材料不充足吗？是因为幼儿经验缺乏吗？是受客观因素限制吗？这些都建立在教师作为研究者的基础上。

（三）终身学习者

园长除自己终身学习外，还应以“将每位教师培养成终身学习者”为目标，站在教师终身学习与发展的角度来看待问题。

1. 树立终身学习理念

科技的不断发展为教师的终身学习提供了优越的条件。园长作为管理者，应引导教师打破“只有课堂才能学习”的旧观念，充分利用现代化设备，自觉、主动参与多种多样的活动，在多元化的学习中不断提高课程开发、组织和建设的能力和水平。

2. 注重课程反思

实践中的反思与总结是幼儿园课程建设和课程质量提升的关键所在。园长应引导教师不断反思自己的教育教学行为，研究新环境，解决新问题，在工作、学习中不断反思。

法条链接

《幼儿园教育指导纲要（试行）》中“组织与实施”部分第三条明确指出，教师要从本地、本园的条件出发，结合本班幼儿的实际情况，制定切实可行的工作计划并灵活地执行。

《幼儿园教师专业标准（试行）》中也明确指出，教师应针对保教工作中的现实需要与问题，进行探索和研究。

这些文件都表明，在幼儿园课程的建设中，教师应充分发挥自身的主动性和创造性，不断探索与创新。

典型案例

案例 3-3 “教育无痕”①

今天的角色游戏中，面馆的生意看起来很冷清。亮亮老板在他的货架上摆了六盘一模一样的面条，但无人问津，亮亮老板也一副无精打采的样子。旁边观察许久的老师走过来，问亮亮：“有香菇面吗？”“没有。”亮亮回答道。“那我和你一起做吧。”亮亮点了点头。香菇面很快做好了。不一会儿，一碗“番茄面”也做好了。又过了一会儿，“鸡腿面”也新鲜出炉。

亮亮似乎有所启发，将货架上的“面条”全部拿下来重新加工，不一会儿，“大虾面”“排骨面”纷纷出炉。亮亮老板根本顾不上老师说的“我有事出去一会儿”，沉浸在自己的面条制作中，还跑到店门口吆喝：“快来尝一尝我的新款面条啊，多种口味，欢迎品尝！”很快，面馆的生意火爆了起来。

案例分析

角色游戏是幼儿园中十分常见的一种游戏形式，也是促进幼儿发展的重要方式。案例中的面条馆让亮亮体验了厨师（制作面条）、店员（招呼客人）、老板（经营面馆）等多种角色。由于亮亮的面条缺乏创意，生意冷清，游戏一时陷入了瓶颈。这时就需要教师以恰当的方式介入和指导幼儿游戏。

教师适当介入幼儿游戏能够促进幼儿游戏水平的明显发展。在本案例

① 王玲．巧用“断舍离”，优化教师在幼儿自由游戏中的隐性支持策略［J］．好家长，2021（28）：88-89. 有改动．

中教师通过观察，发现亮亮在游戏中因为“卖不出去”而失去了游戏兴趣，于是以参与者的身份介入幼儿游戏。虽然没有过多的言语指导，但是教师却用自己的行动指导了幼儿的学习。在看到教师的面条新鲜出炉后，亮亮发现了自己的问题，于是学着教师的样子，改进了方法，解决了问题，生意火爆了起来，游戏得以顺利开展。

四、做课程的激活者

课程资源是影响幼儿园课程开发的重要因素。园长应在开发和利用课程资源的过程中起到引领和把控的作用，让教师在实践中能够以幼儿需求为导向，从环境创设、时间安排、材料投放等多角度考虑，最大限度地挖掘课程资源的价值。

（一）课程中的环境布置

环境创设是幼儿园课程建设的重要组成部分，幼儿园的环境布置必须适合幼儿的发展。

1. 充分开发和利用环境

幼儿园环境是重要的教育资源，在潜移默化中影响着幼儿的身心发展。园长应不断学习新的经验，在环境的创设中要充分开发和利用墙面、地面以及房顶等多维空间，发挥幼儿园环境育人的功能。

2. 优化布局

环境是幼儿的“第三位老师”。好的环境首先应以幼儿为主体，充分体现幼儿的参与和创造。其次，应重视环境的内涵建设，应考虑到幼儿在日常中与环境的互动和学习。最后，应将环境中的各个要素紧密联系起来，注重环境建设的整体性。

在幼儿园课程建设中，园长应从幼儿的需求出发，优化整合室内外的环境布局，让幼儿的学习在与环境的互动中完成，在操作材料的过程中实现，把选择游戏的机会和自主游戏的权利交给幼儿。

（二）课程中的时间计划

幼儿是有能力的学习者，除提供充足的物质材料支持外，教师也应为幼儿的学习留有足够的时间，让幼儿在探索中学习。

1. 明确游戏时间

充足的游戏时间是保障幼儿深度学习的必要条件。幼儿园应提前安排和协调幼儿园整体的作息时间，保障各个年龄段的幼儿都有充足的游戏时间。另外，也要指导教师在活动开始之前，与幼儿协商确定合理的游戏时间安排，在游戏的过程中、游戏结束后为幼儿留有充足的操作、思考、讨论时间。

2. 制订游戏计划

幼儿是课程中的主体，有权选择和计划自己的活动。教师应采取发展适宜性的支持策略，满足幼儿的需求。教师的支持策略应随着幼儿的计划能力发生变化，具体表现为三个递进的阶段：第一阶段，教师采用问题导入、情境教学等直接的支持方式，帮助幼儿认识计划；第二阶段，教师采用组织参观、适时指导等间接的支持方式，引导幼儿尝试自主制订计划；第三阶段，教师通过提供拓展活动为幼儿提供时间、空间、材料等隐性的多样化支持方式，锻炼幼儿施行计划的能力。①

（三）课程中的材料投放

材料的投放是区域活动的核心，区域活动是幼儿园课程的重要组成部分，为幼儿自主游戏提供重要支持。

1. 选择适宜的材料

幼儿发展存在一定差异性，因此在确保游戏材料安全的前提下，首先应考虑的就是幼儿的年龄和兴趣，要根据幼儿发展特点及兴趣投放适宜的材料。幼儿园在投放材料时应关注到以下几种材料：第一，与幼儿生活密

---

① 秦旭芳，张洁，林玉．由“知”到“行”：教师支持幼儿提升计划能力的行动研究：以户外自主游戏为背景［J］．宁波教育学院学报，2022（4）：1–7.

切相关的、真实的材料；第二，可重复利用和再次创作的低结构及无结构材料；第三，当地具有特色的地域文化相关材料，如剪纸、泥塑等。①

2. 合理调整材料

幼儿的经验在不断的学习中得到提升，因此教师也应该及时更新幼儿游戏材料。教师要有效利用生活中常见的游戏材料，保证数量的同时，也要考虑到材料的层次性，调整和优化材料的投放，关注班级幼儿的个体差异。

法条链接

《幼儿园工作规程》第二十五条中明确指出，幼儿园教育应创设与教育相适应的良好环境，为幼儿提供活动和表现能力的机会与条件。幼儿园课程是幼儿教育的核心，应为幼儿在活动中提供充足的表现机会，让幼儿在课程中有机会、有条件主动发展。

典型案例

案例 3-4　我的“游戏部落”②

结合近期主题“最美家乡”，教师与幼儿进行了关于创设游戏部落的讨论。结合特色小吃、古建筑、历史名人、非物质文化遗产等感兴趣的内容，师幼共同决定创办“小城乐园”“小城艺演”“小城书吧”“小城画室”等主题游戏部落。

在向游戏部落投放材料之前，教师与幼儿再次围绕主题展开了一次讨论，目的是商量决定投放什么材料，并由大家共同完成材料的收集，让每个幼儿都能参与其中。在大家齐心协力的行动下，“游戏部落”建成。

这次创建激发了幼儿无尽的想象力和创造力，鼓励幼儿不断生成新的活动。教师可以经常看到幼儿主动选择不同的游戏角色并投入其中。

---

① 徐金月 . 合理投放幼儿园区域材料提升课程质量的研究[J]. 基础教育研究，2019(8)：88-89，92.

② 张美琴 . 挖掘“区域游戏与主题活动整合”的教育价值：大班区域主题环境创设与游戏活动案例分析［J］. 山西教育（幼教），2017（5）：24-25.

案例分析

幼儿园课程应以幼儿的兴趣为前提，同时为幼儿提供独立、主动、创造性学习的机会。活动区是幼儿自主学习的主要场所，能激发幼儿主动参与和探索的欲望，幼儿参与活动区建设能够进一步调动幼儿的探究兴趣。

本案例中，教师基于主题活动带领幼儿共同完成区域游戏的创设，为幼儿的自主学习提供了丰富的物质资源。如依据主题活动“最美家乡”确定区域游戏“小城乐园”“小城艺演”“小城书吧”“小城画室”等游戏主题；在投放材料时，师幼分工合作；在活动展开的过程中，为幼儿提供充足的时间、空间，让幼儿自主选择游戏，幼儿学习进一步深化。

第二节　幼儿园教研管理

教研是促进幼儿园优质发展的重要途径。幼儿园展开教研活动能够及时发现并解决教育教学实际问题，从而促进幼儿园保教质量不断提升，促进教师专业化水平提高，促进幼儿全面健康和谐发展。

一、做教师的倾听者

定期组织教师展开教研活动，了解教师在实际教学中的问题，帮助教师解决教育实践中的困境，是教研的意义所在。但在实际教研活动中，教师的主体意识不强，很多教师因为各种原因不敢发言，不愿发言。园长作为管理者，应坚持以研促教的理念。

（一）摆明事实

教研活动中的“沉默”现象时有发生。有些教研活动流于形式，教师的“真问题”常被埋没。了解教师工作中的事实情况，倾听教师的实际问题和需求，是教研活动的重点所在。

1. 制订教研计划

教研计划是展开教研活动的有力抓手，制订教研计划要从教师的需求出发，找准教研的方向，确定教研的内容，让教研活动有序开展。

2. 避免教研“强权”

教研活动常常围绕具体的问题展开研讨，管理者应明晰教研活动中权力与权利的界限，根据不同的教研主题采用不同的教研方式，营造积极的教研氛围，调动教师参与教研活动的积极性，保障教研活动的有效性。

（二）找出原因

过于流程化、结构化的教研活动只是在完成教研的环节，难以让教师深度参与，也不利于发现并解决教师的实际问题。只有找到问题产生的真实原因，才能让教师在教研中有真正的收获。

1. 教师深度参与

教研不必拘泥于预设的方案，采用灵活、开放的教研形式更有利于关注教师的个体差异。幼儿园可以根据教研活动的进展情况随时调整教研计划，预设教研方案与灵活的教研形式并不冲突。在教研开始之前，根据教研的目标及内容等预设相应的教研方法和组织过程，可以提升教研活动的有效性，保障教师在教研活动中的深度参与，这样才能更好地发现问题，解决问题。①

2. 集体出谋划策

幼儿园的教育教学实践工作非常复杂，仅仅依靠教师个人力量有时难以解决问题。这就要求教研活动中每位教师都应主动向他人学习，学会与他人合作。教师提出自己的问题与困惑，通过交流和分享，将同伴的观点、相关

① 史贝贝 . 支持教师深度参与教研的策略［J］. 幼儿教育，2022（7）：44-47.

理论与自身在教育教学活动中的经验结合起来进行反思，能为解决教育教学中的实践问题提供思路和方法。[①]

（三）探索对策

通过教研活动，分析问题出现的原因，共同探讨问题解决的方式，能高效解决教师的实际问题。

1. 独立思考，正视问题关键点

在教研活动中，要为教师留有独立思考的空间，鼓励和引导教师独立思考。如在确定研讨的主题后，要让教师首先围绕问题独立思考，寻找解决问题的对策，形成初步的解决方案。

2. 合理选择，找到问题最优解

解决方案初步形成后，教师还需在他人的帮助下探讨这一方案的可行性及有效性，倾听各种不同的看法和建议，借助团队甚至是专家的力量，以求用最好的方式解决当前教育实践中的问题。

法条链接

《幼儿园教师专业标准（试行）》特别强调，针对保教工作中的现实需要与问题，进行探索和研究，把学前教育理论与保教实践相结合，突出保教实践能力；研究幼儿，遵循幼儿成长规律，提升保教工作专业化水平，明确指出了幼儿园教师要具有不断进行专业化学习、实践、反思和提高的意识与能力。

《中共中央　国务院关于学前教育深化改革规范发展的若干意见》第二十八条明确指出：完善学前教育教研体系。健全各级学前教育教研机构，充实教研队伍，落实教研指导责任区制度，加强园本教研、区域教研，及时解决幼儿园教师在教育实践过程中的困惑和问题。教研活动是幼儿园保教质量提升的关键，也是幼儿教师专业能力提升的关键所在，

① 陈建榕. 以问题为导向的园本教研实施路径探析［J］. 教育导刊（下半月），2021（10）：65-69.

幼儿园应当通过教研活动，及时发现并帮助教师解决实践中的问题，保障幼儿教育的稳定发展。

典型案例

案例 3-5 让教师“敢说话”“说真话”[①]

花草园的教研，被称为“心田式教研”，分为三个步骤。

第一步：说你、说我。

这一部分，教师们想说什么就说什么，每个人都可以充分地表达自我，分享他的“巅峰时刻”，说他的“跌落体验”。每每说完，教师都会感觉心情舒畅，逐渐从封闭的“想象世界”，进入了开放的“真实世界”。

第二步：共同面对困难。

这一部分讨论教师们在工作中以及课程中遇到的困难，每个人的问题都不一样，但都是真实的、开放的，什么问题都可以谈。大家在讨论解决办法的过程中形成“共同体”，构建更坚固的“家庭港湾”。

第三步：确定目标与方向。

这一部分谈论自己下一步工作的目标与方向。不是看别人的目标，而是要给自己找目标，如一位新教师的目标可能是从“不敢看家长”，到“和合作度高的家长讲话”，再到“可以和所有的家长讲话”。

在这样的教研中，每位教师都可以获得内心的关照和自我的成长。当教师能够在关系中获得滋养，他和幼儿的关系也就有了更多延展的空间。

案例分析

幼儿园中的组织沉默现象很普遍，它会阻碍组织信息的交流和沟通，对组织决策、组织创新等产生不利影响。基于社会燃烧理论分析，我国当前幼儿园教研中教师沉默的原因有三个：直接参与者的个人偏差、第三方参与者

① 胡华．如何让幼儿园教研活动深度发生．文章来自网络，有改动．

的制约、刺激性时间的打击。本案例中的教研管理者立足教师主体，能够从实际出发，采取多样化的教研方式，构建良好的同事关系，给予教师足够的人文关怀，打破了教研中教师的沉默现象。合理的教研制度、平等的教研领导方式以及愉悦的教研环境都是影响教师主动参与教研活动的重要因素。[①]

二、做教师的支持者

教研活动是大多数教师除了课程实践以外的最重要的专业学习与发展途径，园长需要切实了解发生在教师身上的教学故事，明确教师的困惑，并通过教研活动来帮助和支持教师。

（一）实践的问题和困惑

教师在实践中产生的问题与困惑是教研主题的重要来源，作为园长要重点关注。

1. 教学实际中的疑问与困惑

幼儿教师在实际工作中不仅要关注幼儿不同的发展方面，还要考虑到不同年龄段幼儿的身心发展规律和不同个性特征，关注幼儿的独特性。如何有效支持幼儿的游戏，如何开发课程资源，如何减缓幼小衔接的坡度等问题常常困扰着他们。园长要为教师创造一个良好的文化环境，支持教师说出自己的困惑；建立多元开放的教研模式，帮助教师在交流沟通中更好地解决问题。

2. 职业认同的困难与障碍

幼儿教师的工作具备相对滞后性、内隐性和成效的不确定性等特点，使得其社会地位一直未能得到较好的提升，其专业性也常常不被社会普遍认同。过大的职业压力不仅损害对职业的认可和接纳，而且减少教师积极行为，

① 秦旭芳，尹一林．社会燃烧理论下幼儿教师教研组织沉默现象成因及路径探析［J］．教育观察，2019（38）：9–12.

进而降低职业中积极体验的产生。园长应正视教师对职业幸福感的追求，赋予教师自主选择的机会，让教师有机会和空间发挥自己的创造性；从内心深处赞赏教师，让教师感受到自己的价值，体验胜任感；组织教研、反思与总结，让教师不断进步。

3. 职业成长的困惑与需求

不同阶段的幼儿教师有不同的职业成长需求，初入职的教师面临繁杂的工作和陌生的环境，会有职业适应的困扰；而老教师能够基本管理好一日教学活动和其他日常事务，此时他们对幼儿园工作有了更深入的体会和心得，同时也会对自己的日常工作要求更高，有了进修和晋升的需求。园长可以为不同职业阶段的教师制定发展适宜性的培训方案，组建骨干教师团队引领课题研究；让经验丰富的教师和新任教师结成对子，形成传、帮、带的优良风气；组织教师们互相听课、评课，促进教师之间的交流沟通。

4. 人际沟通的困扰和压力

幼儿教师的职业特点决定了人际沟通能力的重要性。教师在与幼儿相处的过程中需要进行沟通，家园社协同共育背景下教师更需要与家庭、社会进行沟通，同时教师还需要与同事进行沟通，沟通的质量很大程度上影响着工作的质量。园长要善于发现教师在人际交流中的困境，多给予教师支持，如开展一些相关的培训和教研，帮助教师从多方面的资源中获得成长。

（二）教师的学习和提升

幼儿教师专业发展是影响幼儿园教育质量的重要因素。园长要关注教师的专业成长，针对教师的不同诉求对教研组进行管理，给教师充分的支持。

1. 实行教研组动态管理

幼儿园要对教研组实行动态管理，根据内外部环境的变化及时调整管理思路和方式。首先，要以人为本。关注不同教龄教师的职业发展，利用好学习培训和研究的机会，帮助各个阶段的教师在交流互动中获得专业成长。其次，指导帮助。分析教师的思想状态、业务水平和研究能力及其动态变化，给予适宜的指导和帮助，使其适应教育教学工作和教育研究工作。再次，制定教研组管理制度。根据国家颁布的政策和幼儿园实际，落实工作责任，强化部门协作，并加强督导评估，及时发现和解决问题，使得教师在教研中有所收获，促进他们的专业提升。最后，鼓励先进。对教师在教研中的付出给以肯定，对教研成绩突出的教师予以相应的奖励。

2. 充分发挥教研组的作用

教研组的作用是让教师群体借助“研”的形式，跳出个人劳动的壁垒，将教师专业成长过程建立在群体研究的基础之上，使教师更好地胜任教学职责。园长应该充分利用教研组的优势，引导教师成为教研活动的管理者、参与者和研究者。

首先，以教研组为阵地，采取多元化的研讨形式，如主题讲座式教研、大研讨、小教研、微教研、一课多研式教研等，帮助教师将理论转化为实践。其次，坚持“实践、反思、再实践、再反思”的模式，培养教师积极、主动进行反思的习惯。最后，充分发挥骨干教师的传、帮、带作用，让教师在交流互补中释疑解惑，提升教研组的团队凝聚力。

3. 提高教研组成员整体素质

《教育部关于加强和改进新时代基础教育教研工作的意见》指出要加强教研队伍建设，严格教研员准入制度，认真遴选配备教研人员。幼儿园园长应了解教师现有的发展水平、困惑和问题，促进教师专业发展与自我提高；要引导教师将理论与实践相结合，学会思考、反思，逐步培养一支善于观察、善于发现、善于解决问题的专业化教师队伍。

典型案例

案例 3–6　点滴发现

今天，有两位老师提出想要更换一批新的活动区材料，理由是孩子们不喜欢。

“这些玩具材料孩子们玩儿了多久了？”我问。

“刚刚一周。”

“为什么这么快就不喜欢了呢？”

“不知道。”

中午，我请老师们把自己班小朋友不喜欢的玩具材料都拿到备课室，并宣布今天中午的教研活动我们要改变一下形式，题目就叫“玩玩具”。请老师们都来做一次小朋友，亲自动手来玩一次，并且还要比一比，看谁想到的玩法多。

很多老师是第一次操作小朋友的玩具材料，出乎她们的预料，看起来平淡无奇的材料在她们的反复尝试和合作下竟然可以玩出那么多新花样。

“孩子们为什么不喜欢这些材料呢？”我再次提出了这个问题。

“他们没发现好玩儿的地方。”

“怎么才能让他们发现呢？为什么一定要让孩子们喜欢上这些材料呢？”

“老师先要熟悉这些材料，包括材质特点、多种玩法儿等，才能有目的地引导小朋友去探索发现，让他们喜欢上这些材料，目的是使其在探索中、在游戏中获益。”

从那一天开始，小朋友们和他们的老师都爱上了玩玩具。

（案例提供：辽宁省沈阳市于洪区实验幼儿园　澹台艳艳）

案例分析

幼儿园教研活动不仅能够提升教育质量，也在一定程度上促进教师的专业成长。案例中教师发现幼儿不喜欢活动区的材料，提出想要更换活动材料。教研组便以此为主题，请教师们玩玩具，帮助教师在亲历和体察中进行自我剖析与反思，从而获得成长。

教研的核心目的是解决教师在日常工作中遇到的问题和困难，进而提高教育质量。因此，教研工作必须坚持问题导向，聚焦现实工作中的难点，在组织教研时可采用适宜形式，给予教师更多机会主动探究，做隐性的支持。例如案例中园长为教师提供了一个自由玩玩具的环境，让教师真正站在幼儿的角度来了解玩具，并将大家的想法集合起来，在交流共享中解决问题，同时也促进了教师自我反思能力的提升。园长还可以为教师提供时间和平台对幼儿进行追踪观察，获得幼儿在各种真实情境下的问题和需求，以更精准地指导和支持幼儿的发展。

三、创设教研共同体

教研共同体既是一种学习共同体，又是一种研究共同体。教研共同体的发展对幼儿园教师的专业成长、幼儿园的可持续发展有着举足轻重的意义。

（一）建立教研制度

做好教研共同体的管理首先要制定合理的教研制度，以制度引领和规范教研活动。

1. 以关注教师职业情怀为重心

园长要正视教师的职业幸福感，帮助教师通过教研从“教学活动的自在者”转变为“教学艺术的生成者”，同时也进一步增强自身的“专业领导力”。具体来说，可以从以下几个方面入手：为教师提供更多学习和培训机会，唤醒教师积极的学习力，增强教师效能感；重视教师自然状态下的分享，建立自由幸福的幼儿园文化；强调教师的心理健康培训。

2. 以教研制度的生成过程为路径

科学的教研制度能够规范教研工作，确定工作程序，保证教研工作的实践性和鲜活性。制度的生成过程不仅是园长个人的专业成长过程，也是引领教师从教研“局外人”向“参与者”转变的过程。在不断改革和更新制度的过程中，有人抓、有人想、有人做，教研活动就逐渐成熟起来了。

3. 以重视制度的自我反思与自我更新为导向

参加教研活动时，园长并不能仅以管理者的视角来看待，而是要结合管理者与教育者的眼光：一方面要作为教育者看教学质量和幼儿的发展，另一方面要作为管理者看教师的专业水平和教学管理。园长要注重教师在实际教学中的问题和需求，并根据制度对不同方面呈现出的问题进行积极自我反思，并同教师一起探讨改进。

（二）选择教研模式

不同园所所处地域、园所文化、教师能力等因素各不相同，因而选择适宜本园的教研模式是教研管理的重要一环。为了构建教研共同体，园长需明确本园的定位及教师团队的风格，进而选择最适合本园教师成长的教研模式。

1. 菜单式教研

菜单式教研需要教研组长对自己的组员进行问卷调查、访谈等，在充分了解教研组组员个人需求的基础上，制订本学期的教研组活动计划，形成一学期的活动安排，并进行分类和分层，以菜单的形式向组员们公布，再由组员们结合自身特长和兴趣认领并参与相应的专题。这种教研模式适合教研工作由教研组长管理与负责的园所，园长可将权力下放，给予教研组长充分的空间带领教师进行教研活动。

2. 轮值制教研

轮值制教研是一种旨在激发教师教研主体性、唤起教师自主发展意识的教研策略，它会形成基于民主、平等、合作、互信的发展共同体。轮值教研包括轮值主持、轮值审议和轮值调研，组员们相互支持，相互配合，能使教师从事不关己高高挂起的旁观者转变为教研活动的参与者、领导者。教师们主动去收集资料，安排教研的时间和人员的分工，构思和组织活动过程，进行评价考核，不断提高专业自我提升意识。这种模式适合于扁平化管理的园所，园长要建立起支持机制，为教师提供严谨、专业化和人性化的教研平台，提升教师的积极性和教研深度。

3. 个性化教育故事分享教研

个性化教育故事分享教研是教研组的组员大胆讲述自己教育教学中成功和失败的案例、惊喜瞬间、美好时刻等，让教研组成员树立信心，实现自我价值，形成自己的教学实践智慧。这种模式适合于新建不久或规模较小的园所，园长与教师都能在交流互动中获得专业成长和职业幸福感。

（三）制订教研计划

为了教研活动能够有条不紊地进行，除了必要的制度引领和模式规范，还需要根据实际教育教学情况制订教研计划。教研计划可以分为学习阶段、研究阶段、实践阶段和总结阶段。

1. 学习阶段

这一阶段重在理解教研主题，明确研究意义。这就要求教师查阅和收集一些理论资料，园长要做好这方面的支持和帮助。在媒介方面，可以建设资料室、线上资源平台等；在形式方面，允许教师以多种方式汇报学习结果，如读书笔记、座谈会、主题演讲等。

2. 研究阶段

这是将所学的理论初步联系实际的阶段，完成教研的方案和步骤，并进行评议、筛选补充，比较方案的优劣。这是一个比较漫长的阶段，也是能够促进教师快速成长的关键阶段。园长可请每位教师都拿出自己的设想或方案，陈述理由和根据，说明符合的理论原则，然后团队共同评议比较，决定最终活动方案。

3. 实践阶段

这个阶段是执行上一阶段讨论的方案的过程，目的是对方案进行实际检验。教师们都实施此方案，不同的教师实施的过程不同，展现的效果也不相同，园长要注意鼓励教师的积极性，支持教师之间相互交流和沟通，发现自己的不足，汲取他人的独到之处。

4. 总结阶段

这是对最初设想的方案的整体评价，包括方案的理论基础、可行性、实施效果等方面，并就教研活动进行总结。园长要重视这时的回顾和反思，在教师亲身感悟的基础之上，肯定教师做得好的地方，指出其不足之处。同时，要注重教师之间的互评，相互学习，共同成长。

典型案例

案例 3-7 以人为本 共促成长

一天，我无意间听见教师们的谈话。A 说："我觉得观察幼儿太难了，有时候就捕捉不到幼儿的精彩瞬间。"B 说："是呢，好不容易观察到了，等拿出手机，孩子又玩别的去了。"教师的困惑给了我教研灵感。之前每次的教研主题都来源于我的观察，这样的教研离一线教师的需求比较远。以前的教研让教师们了解了观察非常重要，但是面对班级众多的幼儿，如何选择观察对象，如何观察到幼儿的精彩瞬间？这些可能更符合一线教师需要，要进一步进行探讨。因此，我设计了关于教研内容的问卷，通过对问卷回收分析，了解教师的需求，并对不同需求的教师进行分组，成立教研共同体。这种方式能发挥每一名教师的优势，有效解决教师的困惑。

（案例提供：天津市北辰区宸宜幼儿园 赵静）

案例分析

幼儿园的教研工作是一个民主过程，是一个研究过程，是一个学习过程，更是一个开放和创新的过程。① 这意味着在认同教师作为教研主体的同时，还需要构建一个由多元主体形成的教研共同体，达成教研的专业对话与协商。

案例中园长无意中发现了教师们对于观察幼儿的困惑，并由此对园所的教研进行了反思。经过调研，园长了解了教师的需求并根据不同需求进行分组，形成了教研共同体，取得了较好的效果。一方面，立足教师的实际需求，能够让教研更"接地气"；另一方面，所有教师成了一个整体，观点碰撞更便于解决实践困惑。这种教研管理方式的转变，让教师在多元交流、共同研讨和反思获得了成长。

① 易凌云．教师是学前教育发展的第一资源［N］．中国教育报，2018-12-16（1）．

第三节　幼儿园科研管理

幼儿园科研主要是为解决幼儿园教育中的理论和实践问题而开展的活动。开展科研工作需要园长整体统筹，组织科研组长和教师共同参与，切实发现和解决实际问题。

一、做科研的发现者

幼儿园科研所选的课题应当是与幼儿园工作实际密切相关的、急需解决的，如果脱离实际背景，那么教育科研非但不能帮助教师解决困惑，反而会增加日常工作的负担。

（一）在日常生活中发现

在幼儿园日常生活中，要注重观察幼儿的行为表现，了解幼儿的性格特征、发展情况和成长环境，从观察中获得研究问题。如何进入幼儿的世界，本身就是一个经久不衰、富有生命力的研究课题。作为园长，不仅自身要注重对园内幼儿的观察，更要加强对教师观察能力的培养。

（二）在教学实践中寻找

研究幼儿园实践背景下的问题能够帮助幼儿园提升教育质量，提高教育教学的有效性，促进教师的专业成长。同时，对幼儿园教育实践中问题的研究也对完善幼儿教育的基本理论具有很大的促进作用。园长可采用写教育日记、总结与反思会等管理方式，明晰在教育实践中出现的问题，寻找相关理论作为实践的指导，解决实践中的困惑。这个过程就是研究的过程。

（三）在共同交流中生成

做科研的过程实际上也是园长与教师之间、教师与教师之间以及师幼之间互相学习、分享经验、分享智慧、共同提高的过程。在这个沟通与互动的过程中，既能够发现自己的不足和收获，也能够看到别人出现的问题和成果，进而从中获得所要研究的问题。

（四）在自主学习中摸索

无论教师还是园长，都需要进行自主学习，不仅包括理论指导实践的被动学习，还包括实践检验理论的主动反思。在对基础理论的学习和教学实际场景的分析中，可以发现幼儿园教育中值得深入思考和研究的问题。园长不仅要增强对教育问题的敏感度，更要站在管理者的角度学习与借鉴培养教师的方法。

（五）在课题申报中获取

在申报课题的过程中，幼儿园同样也可获取研究的问题，例如，可在全国性的大课题中结合本园实际获取新的切入点，进行深入研究。

典型案例

案例 3–8　　捕捉灵感[①]

在一次教研活动中，教师们回顾了这段时间幼儿在建构区建构的内容和具体的表现，并聚焦幼儿在建构区自发建构滑梯的现象展开讨论。

教师 A：小昊和小齐用小圆柱积木和长方体积木，搭了六个相同的斜坡作为滑梯，结构简单的滑梯引发了建构区里其他四个幼儿的围观与议论。

教师 B：幼儿搭建滑梯的时候一边建构一边议论，当其他四个幼儿围过

① 李晓玲．寻求有效支持幼儿自主学习策略的班级教研实践：以中班“建构滑梯”活动案例的研讨为例［J］．幼儿教育研究，2020（3）：57–59，62.

来一起议论的时候，讨论变得更加热烈。他们讲自己最喜欢玩幼儿园的哪个滑梯，可以怎么滑等，有说有笑，很开心。

根据教师关注到的现象，园长追问教师："你们认为建构滑梯是幼儿当前的兴趣点，那么以建构滑梯为切入点，将其作为班级支持幼儿自主学习的一个项目，可以吗？"教师们一致同意。通过进一步思考，我们最终共同确定将"幼儿自主学习建构滑梯"作为班级教研问题，同时申报了省教育科学"十三五"规划课题"建构游戏中提高幼儿自主学习能力的实践研究"。

案例分析

案例中教师根据幼儿建构区建构滑梯的游戏发表自己的看法，园长抓住了这一契机，并试着将问题延伸为研究方向。经过共同探讨，园所确定了研究选题，开展了一系列研究，还申报了省级课题。幼儿园教科研的问题，常常根据一些前沿的教育理念并结合园内教育实践中发现的问题而设定，这就要求教师建立问题意识，在教育实践中能提炼有价值的问题并进行研究。

二、做科研的实践者

许多教师由于缺乏研究经验，在刚开始接触科研时，会觉得无从下手，不知道要做什么，更不知道要怎么做。那么，作为管理者应该如何帮助教师做科研工作呢？

（一）科研"方法论"

做科研尤为重要的就是研究方法。要想做好科研工作，就需要熟练运用各种科研方法。

1. 科研方法

定量和定性是两种基本研究方法。定量研究主要包括测量、评价、调查研究和实验研究等，定性研究主要包括叙事研究、教育日志、案例和行动研究等。其中行动研究是近年来在幼儿园广泛开展的一种科研方法。开展行动研究要注重研究者的协调与合作，注重对研究技术的把握。园长作为管理者和研究者，不仅要重视对方法的选取和实践，还要注重对研究方法的总结与反思。

2. 资料收集处理

在进行资料的收集时要有目的性，尽可能全面地收集与研究问题相关的资料。在幼儿园科研中，收集资料的方法主要有问卷法、访谈法、观察法等。收集完之后要对这些资料进行整合与分析，可采用 SPSS 等软件进行。这一工作能为研究提供生长点。

3. 科研成果的呈现

幼儿园科研成果的呈现可以是多种形式的，文本成果可包括论文、课题的结题报告等，行为成果可包括优秀教学活动展示、行动研究实录、环创作品展示等。成果的展示不仅是研究结果的报告，更是教师们学习的好机会。园长要重视每一份科研成果，不仅要将成果的汇报与分享作为对研究过程的总结，更要将其作为教师学习与反思的重要渠道。

（二）相辅相成的教科研

幼儿园工作具有一定特殊性，教科研相互结合。本部分主要从课题引领教研和教研生成课题两个方面进行阐述。

1. 课题引领教研

教研具有不脱离实践的优势，但长期以来，幼儿园教研工作也存在着停留在常规工作层面、低水平重复的问题。因此，以科研带动教研，可以促进教研升级。幼儿园要为教师提供丰富的科研资料和平台，鼓励教师申报课题，并在课题的支持下带动教研的发展。

2. 教研生成课题

教研是科研的基础和立足点，幼儿园要促进教研专题向科研课题转化，可先做好园本教研，有了一定的积累和成果之后，查阅相关文献资料，对专题的普遍意义做出判断，之后开展深入研究。这样既能提升园本教研的研究水平，又能够验证园本教研成果，并为园本教研成果的推广奠定基础。

典型案例

案例 3-9　一次成功的行动研究

在户外游戏活动的过程中，有教师出于安全考虑，对幼儿约束过多，导致幼儿不能得到有效的发展。通过与教师交谈，我发现在幼儿户外游戏过程中，教师一方面不敢放手，另一方面也不知道如何放手。基于此，我们选择大班幼儿作为研究对象，通过教研活动制定行动研究方案并展开实施。

在实施中发现，教师放手后，幼儿户外游戏活动的自主性越来越高，但教师任由幼儿自由游戏，游戏活动并没有充分发挥其价值。由此，我调整了方案，带领大班教师开展"大班幼儿户外游戏活动中自主探究能力的培养"研究。

在户外活动时间开始前，教师与幼儿在操场上席地而坐，共同探讨"今天户外活动想玩什么"。幼儿纷纷表达了自己的想法——玩滚筒。接下来，教师就把自主探究的机会留给幼儿。幼儿通过个人游戏、两人合作游戏到逐渐进行小组合作游戏，玩起了滚筒车游戏、捉迷藏游戏、滚筒毛毛虫游戏、组合大变身游戏等。幼儿在游戏中碰到问题时，教师没有直接代替幼儿做决定，而是通过语言引导，让幼儿想办法解决问题，让幼儿自己验证解决问题的方法是否可行，还有没有更好的方法。渐渐地，幼儿的游戏水平越来越高，游戏的玩法也越来越多。

在这次实施方案的过程中，我们发现教师的言行对幼儿游戏行为有很大影响。如在捉迷藏游戏中，幼儿发现了藏在滚筒里非常容易被找到时，我快速地告诉了幼儿："可以找找其他材料帮你们躲藏。"这在一定程度上剥夺了幼儿主动探究的机会。

于是，我带领教师们再次调整计划，并展开了第三轮行动研究。

我请教师将自己定位成一名观察者和支持者，拍摄记录幼儿的游戏过程。当幼儿寻求帮助时，鼓励幼儿尝试自己解决问题，让他们在户外操场上自主选择和操作游戏材料，探究游戏的多样玩法，将游戏的权利真正地还给幼儿。教师在每一次的户外活动后整理录制的游戏片段，找出问题与不足，并及时调整。

一段时间后，我们将幼儿在户外玩滚筒的自主游戏完整活动梳理成游戏案例“我想这样玩滚筒”，通过案例分析、教师反思等方式，总结提炼出了户外游戏中教师指导幼儿自主探究的策略。

借此机会，我们申报了区级微型课题“大班幼儿户外游戏活动中自主探究能力的培养研究”，并顺利结题。

（案例提供：天津市北辰区宸宜幼儿园　赵静）

专家解读

行动研究是指在自然、真实的教育环境中，教育实践工作者以解决教育实际问题为首要目标的一种研究模式。利用行动研究法进行小微课题的研究，是幼儿园常见的一种教科研工作形式。研究的过程是发现问题、解决问题的过程，通过研究，幼儿园教育教学水平可以得到提升，教师可以得到专业化的发展。

发现并聚焦问题是研究的关键。在上述案例中，教师们通过“在户外游戏活动的过程中，教师对幼儿约束过多，导致幼儿不能得到有效发展”的现象，发现“教师不敢放手、不知道如何放手”的问题。

围绕问题，他们开始制定方案，并结合方案进行尝试，得到了“教师放手后幼儿户外游戏活动的自主性越来越高”的结果。但同时，又发现了新的问题：“游戏活动并没有充分发挥其价值。”

于是，他们调整了方案并再次实施，展开第二轮行动研究，要求“把自主探究的机会留给幼儿”。面对游戏中遇到问题的幼儿，教师不断调整指导策略，幼儿的游戏水平越来越高，游戏的创意玩法也越来越多。

尽管如此，他们进行了更加深入的反思，发现教师的言行仍然“在一定程度上剥夺了幼儿主动探究的机会”。

于是，他们又再次调整计划，并展开了第三轮行动研究，做到了“将游戏的权利真正地还给幼儿”。最后，经过研究，总结提炼出了户外游戏中幼儿自主探究指导策略。

纵观案例中呈现的三轮研究，教师们不是浅尝辄止，而是带着问题，不断计划、行动、观察、反思、再计划、再行动、再观察、再反思，如此往复，不断深入。

相信，如此扎实的研究，一定能够使幼儿园的教育教学水平得到质的提升，同时，也一定能够促进教师队伍的专业化发展。

（河北省沧州市第二幼儿园园长　郭丽娟）

三、做科研的保障者

在幼儿园教育质量保障和科研工作正常开展中，科研制度的建设有着重要的意义，以下从理念的引领、团队的建设和计划的制订几个方面来进行阐述。

（一）坚持科学理念

在前期建立科研制度时，要注意找准园所定位，确定本园的特色和所要达到的目标，充分考虑全园教师的需求和发展，在实际执行时也要“有则”“有序”“有法”，定期进行反馈。

1. 明确目标意识

幼儿园科研管理为科研的开展而服务，旨在保障科研取得预期目标。因此，园长既要明确研究活动的目的，又要明确科研管理本身的目的，强化科研管理为科研开展服务、为提高幼儿园教育质量和幼儿身心发展服务的目标意识。

2. 加强人文关怀

园长要注重强调全员参与，增强互动共进，创设和谐的研究氛围。同时要关注教师的生活与工作状态，可建立福利待遇倾斜制度、高效的培训机制、民主平等的互动管理关系等。

3. 规范程序展开

科研管理需要“有则”“有序”“有法”，将经验型管理转变为管理者掌握科学的管理理念与管理方法的规范化管理。规范化管理通常可以等同于制度化管理，园长要在实践中不断健全规章制度，使得科研组织系统化、权责明晰化、考核定量化、奖惩有据化，并且要严格执行，以身作则，增强参研人员工作的规范性与责任感。

4. 定期评价反馈

提升幼儿园科研管理的一个重要措施是要定期做出发展性的评价反馈。这需要管理者与研究者具有明晰的愿景及使命感。具体来说，一方面要求园长善于发现研究中的问题所在，分析原因并找出相应的解决办法；另一方面要求园长善于总结经验，充分肯定工作成效，不断激励研究者。可综合运用多种评价方式，来评判目标是否达成，成果是否有效等。

（二）组建科研团队

科研团队的管理与园所的课题研究有着密切的联系，园长必须遵循课题研究工作的特点与规律，根据具体需要，在了解每一位团队成员的能力与素养的基础之上，择优组建科研团队。同时加强培养，以便更好开展工作。

1. 以领军人才为核心，实现梯队式科研人才培养

幼儿园可任命园内资历较深或科研能力较出色的教师为科研带头人，注重对带头人的学术能力和领导力的培养，在团队中纳入不同层次和不同教龄的教师，形成梯队互补型科研团队。此外，还可聘请领域专家来园为园内教师进行培训，结合多领域的专业优势，促进团队科研素养和能力的成长。

2. 以团队建设为重心，形成创新型科研团队模式

为促进团队更好地协作互助，高效完成科研项目，园长可采取扁平式管理方式。团队成员之间打破行政职位的界限，实现各层级之间的互动与沟通，强化成员的使命感与责任感，同时也可以发挥每位成员的优势，在团队中取长补短，提高科研成效。

3. 以管理体制作为保障，优化科研团队管理水平

幼儿园可采用津贴奖励、团队领导权提升等鼓励办法和激励手段等，提高成员的积极性和主动性，促进科研质量的提升。还可定期进行成员间和小组间的互评，发现近期存在的不足，并快速找到解决方案，实现团队效能的最大化。

（三）制订科研计划

园长要事先明确园所的短期目标与长期目标，根据本园需求制订适宜的、可操作的科研计划。

1. 问题驱动，构建研究思路

制订科研计划首先要明确研究的问题，以问题为导向，通过研究填补短板，提升质量。园长要以多种形式收集教师们在日常生活、教学实践等方面存在的“真问题”，并进行统筹安排。确定研究问题之后，就要开始构建研究思路，也可通过共同研讨梳理整个研究的框架。

2. 共同研讨，实施研究过程

这是科研最重要的一环，也是对研究思路的践行。园长与教师共同研讨、实施、总结、再实施，在不断改进的过程中完成研究，同时获得科研素养和能力的成长。

3. 总结反馈，汇报研究成果

科研中要注重总结经验教训，巩固成绩。可将汇报研究成果作为全园业务学习的重要手段，引导大家围绕研究成果进行总结与讨论，梳理实施过程中的成功经验和存在的问题，确认行之有效的经验和做法，并将其加以总结归纳，以便在今后的工作中贯彻执行。

典型案例

案例 3-10　让科研“有秩可循”

幼儿园教科研活动是引领幼儿园内涵建设、提升保教质量的重要手段。幼儿园管理者需要完善顶层设计，从构建教科研管理制度，到组建科研骨干团队，再结合实际工作，从微观入手选择科研内容，制订计划，促进幼儿园教科研工作落到实处。

制定详尽、清晰的制度是保证教科研活动开展的基石。我园先后建立《幼儿园科研工作制度》《教科研奖励制度》《业务学习制度》等制度，为教师搭建专业成长的平台，调动教师参与科研活动的积极性、主动性，树立“每个人都是研究者”的科研意识。

组建科研团队是进行科研活动的重要一环。我园采用主动报名与组织安排相结合的方式，选拔科研骨干。如在开展“2—3岁幼儿入园焦虑”的研究时，小小班组教师进行自我推荐，阐述自己的参与意向，然后园里结合报名情况及个人能力，综合选拔课题组实践成员，再吸收学历高、有科研基础的教师加入，最终确定课题组成员。之后，定期开展科研课题研讨会，并通过课题组的研究与学习，辐射带动全体教师教科研能力的发展。

发现课题并有序开展研究是科研活动的关键。课题内容的选择要紧紧结合幼儿一日生活。教育实践中的真问题，才是最适合、最需要研究的好内容。省市区级大课题由骨干团队合力研究，园内的小课题由年组、班组研究。每次研究都要按照确定目标，选择内容，首次尝试、记录、反思调整，二次实践、记录、反思调整，最后进行总结推广。这一过程能促进教师的专业化发展。

（案例提供：辽宁省政府机关幼儿园　聂铭）

案例分析

幼儿园科研制度是科研工作有效运行的保障，它通过规范协调人员和安排，保证科研工作预期目标的实现。作为园长，确定科研的追求目标、激发教师参研的热情、关注园所的科研文化等都是在科研管理中需要落实的。[①]案例中幼儿园从制定教研制度、组建教研团队、发现研究选题并开展课题研究等方面规范科研活动，形成了良好的科研机制，有助于解决幼儿园的实际问题，也在一定程度上提升了教师的科研水平，加强了幼儿园内部团队间的凝聚力。

① 陈凌云．浅谈幼儿园科研管理中园长的角色［J］．中小学电教（下），2009（7）：96.

第四章

幼儿园卫生保健与总务后勤管理

传染病风波

保健医进行午检时，发现中三班一个孩子体温略高，并且脸上和脖子上出现几个疹子，进一步检查后疑似水痘。保健医请教师将孩子带到隔离室，之后立即向园长报告。

园长接到报告后，要求教学主任及后勤主任按照《幼儿园出现传染病的应急处置措施》开展协调工作。教学主任通知教师立即联系疑似水痘患儿家长；为了避免班级之间的交叉感染，下午户外活动时间该班在指定区域进行活动，协调其他班级与该班级错峰。后勤主任督促保健医对该班其他孩子进行排查，并指导该班保育员对班级和走廊进行通风、消毒处理。同时，与食堂管理员协调，对患儿所在班级的餐具进行单独煮沸消毒，及时阻断传播途径。

（案例提供：广西南宁幼儿园万科城分园　刘春燕）

在这个案例中，该幼儿园通过园长、教学主任、后勤主任、教师、保育员、保健医和食堂管理员的多岗联动、相互配合，及时控制了传染源，妥善解决了问题，充分体现了幼儿园内部管理的协调性原则和有效性原则。作为幼儿园的管理者，只有像案例那样建立有效的幼儿园卫生保健工作管理体系，落实幼儿园卫生保健工作的过程管理，才能做好卫生保健管理工作。

第一节 幼儿园卫生保健管理

幼儿园卫生保健工作关系幼儿的生命安全，是教养工作的重要组成部分。园长要充分重视这项工作，牢记自己是第一责任人，建立完善幼儿园卫生保健工作管理体系，强化幼儿园卫生保健工作的过程管理。

一、建立幼儿园卫生保健工作管理体系

幼儿园要建立有效的卫生保健工作管理体系。首先，应建立健全并严格落实各项卫生保健制度，使得卫生保健管理有章可循；其次，应完善卫生保健管理机构，明确成员的岗位责任；最后，需要建立良好的管理运行机制，保证各部门高效协调配合，细化幼儿园卫生保健工作的操作流程及规范。

（一）制定幼儿园卫生保健管理制度

卫生保健管理制度是幼儿园各项卫生保健工作执行的依据，能保证幼儿园卫生保健管理有章可循，有法可依。幼儿园在制定制度时，除了要与《托儿所幼儿园卫生保健工作规范》等国家法律法规保持一致，还要结合卫生保健工作的特点及幼儿园工作的实际情况，并在确保制度相对稳定的同时，根据实际执行情况对制度进行修改，不断完善。幼儿园卫生保健制度主要包括以下几个方面。

1. 生活制度

生活制度是指幼儿一日生活中主要活动的顺序和时间安排。园长应和保教小组、保健医生共同参照相关卫生保健制度，根据幼儿的年龄特征、季节特点和园所情况，科学合理地制定生活制度。

2. 膳食制度

幼儿园应建立由园长、后勤主任、保健医、厨房管理员、班级保教主任和家长共同参与的伙食管理委员会，以各年龄阶段幼儿消化系统发育的特点、季节变化以及当地的饮食习惯等为依据，制定幼儿园膳食制度。幼儿园膳食制度主要包括幼儿园膳食营养管理制度、幼儿园食品库管理制度、幼儿园厨房膳食管理制度。幼儿园膳食营养管理制度旨在提供符合幼儿生理需求的合理膳食；幼儿园食品库管理制度用来规范幼儿园采买食品原料及半成品、存放至食品库的相关工作，包括幼儿园食品采买制度、幼儿园食品验收及出入库制度、幼儿园食品库保管制度等；幼儿园厨房膳食管理制度包括幼儿园厨房卫生消毒制度、幼儿园分餐卫生制度和幼儿园食品留样制度等。

3. 体格锻炼制度

幼儿园需结合季节变化制定幼儿体格锻炼制度，依据幼儿的生理特点，对体格锻炼的内容、运动量、用具、室内外环境条件提出相应的卫生要求。

4. 健康检查制度

幼儿园的健康检查制度应覆盖所有幼儿和教职工。幼儿的健康检查包括入园体检、定期健康检查、晨检及全日健康观察。管理者要掌握在园教职工的健康状况，教职工在上岗前需到指定医院进行健康检查，每年定期检查，杜绝将传染病带入园所。

5. 卫生消毒制度

幼儿园的卫生消毒制度包括环境卫生和个人卫生两部分。环境卫生制度涉及室外活动场地与室内厨房、教室、办公室等地的清扫要求和标准。个人卫生制度应该明确幼儿物品的清洗消毒要求、幼儿个人清洁卫生习惯等。

6. 预防疾病制度

幼儿的免疫力较低，特别容易感染手足口病等传染性疾病。针对这样的情况，预防疾病制度应做到“两手抓”。一方面，幼儿园要坚持“预防为主”，完善预防接种制度、手足口病消毒制度、传染病防治宣传教育制度等，做好集体幼儿的疾病防治和预防保健工作。另一方面，幼儿园还要向家长宣传预防疾病常识，指导家长做好预防疾病工作。

7. 卫生保健统计制度

幼儿园卫生保健工作繁杂，相应的资料也多，如《幼儿晨午检及全日健康观察记录表》（表 4–1）、《在园幼儿带药服药记录》（表 4–2）、《幼儿传染病登记表》（表 4–3）等。幼儿园应根据园所的实际情况，制定卫生保健统计制度，对各类表格、资料、档案进行管理，做好各种常见病患病率、传染病发病率等统计工作。

表 4–1　幼儿晨午检及全日健康观察记录表

日期	姓名	班级	晨检情况 家长主诉与检查	全日健康观察（症状与体检）	处理	检查者

备注：记录晨、午检和全日健康观察中发现的幼儿异常情况。

表 4–2　在园幼儿带药服药记录

日期	班级	姓名	药物名称	服用剂量和时间	家长签字	教师喂药时间及签字

表 4–3　幼儿传染病登记表

姓名	性别	年龄	发病日期	传染病名称											诊断单位	诊断日期	处置
				手足口病	水痘	流行性腮腺炎	猩红热	急性出血性结膜炎	痢疾	麻疹	风疹	传染性肝炎	其他				
合计																	

备注：患某种传染病在该栏内画“√”。

（二）设立幼儿园卫生保健管理机构

幼儿园的卫生保健管理机构主要由园长、专职人员、管理小组组成。其中，园长总负责，明确各类人员的分工，将卫生保健工作一一分解，层层落实到专职人员和管理小组成员身上。

1. 园长总负责

园长应对幼儿园的卫生保健工作总负责，同时建立管理网络，协调全体教职工参与卫生保健工作，建立层层负责的管理机制。

幼儿园卫生保健工作涉及面广，全体教职工都要参与，不仅保健医生、保育员要参与，教师、事务员、炊事员、勤杂工、门卫等都要参与，这就需要建立统一的领导组织，调动各方面的力量，协调各方面的工作，提高幼儿园卫生保健工作的管理效率。

2. 专职人员主管

一般来说，园长或副园长主管幼儿园的卫生保健工作，同时领导专职人员开展全园的卫生保健工作。保健室是幼儿园的专职保健组织，应按相关规定配备保健医生、护士或保健员，负责全园幼儿的身心健康。

3. 管理小组加强管理

根据幼儿园的实际情况，针对保健工作的重点项目，设立管理小组，如膳食管理小组、卫生领导小组、传染病管理小组、体格锻炼小组等。

（三）细化幼儿园卫生保健工作运行机制

幼儿园应建立良好的卫生保健工作运行机制，细化工作的操作流程及规范，主要的操作工作包括健康管理工作和膳食管理工作。其中，健康管理工作要做好幼儿体质测试、幼儿伤病处理等工作，膳食管理工作要做好食谱制定和营养计算、餐具消毒等。

1. 体质测试

幼儿园体质测试每年一次，由保健医参考《国民体质测定标准（2023 年修订）》进行测试。基本流程如图 4–1 所示。

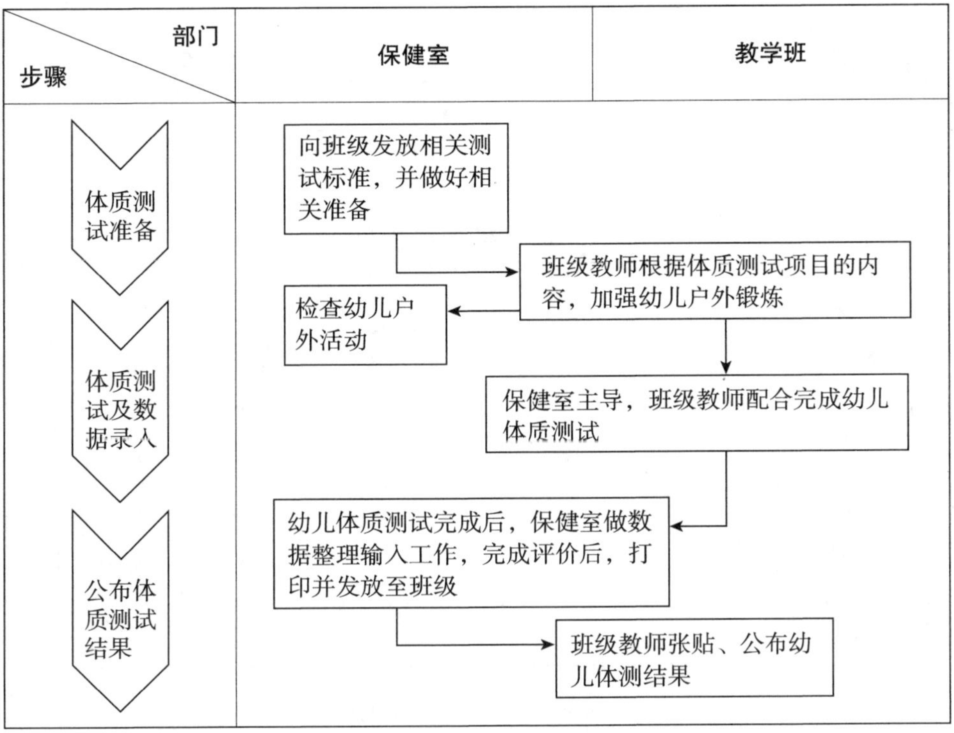

图 4–1　幼儿体质测试流程

幼儿园实施体质测试的关键步骤说明如下：

（1）保健室可以先向班级发放体质测试标准，同时组织开展体测动员会议，与保教主任、体育教师共同制订班级户外锻炼计划；

（2）在幼儿户外活动检查中，保健室可记录各班级每天锻炼的体测项目，根据年龄特点及幼儿普遍弱的项目（如投掷、平衡木）提示着重练习；

（3）对于体测中发现的未达标幼儿，教师要与家长沟通，重视锻炼。

2. 幼儿伤病处理

幼儿的伤病处理的基本原则一是幼儿利益优先，二是及时告知家长，基本流程如图 4–2 所示。

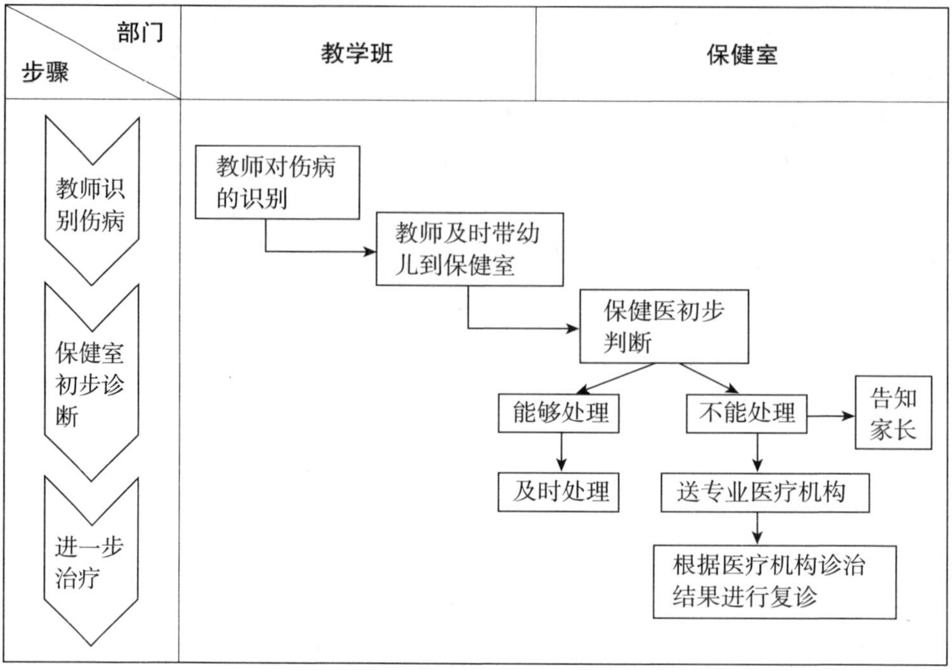

图 4–2　幼儿伤病处理流程

幼儿园处理幼儿伤病的关键步骤说明如下：

（1）教师在第一时间对幼儿突发性伤病进行识别，尽量将危害减小到最低；

（2）保健医对伤病进行初步诊断，如果无法诊治或无法完全判定伤病情况，需及时安排人员将幼儿送往专业的医疗机构诊治。为了确保家长的知情权，也为减少不必要纠纷，保健医需及时与家长取得联系，如实向家长陈述幼儿的情况，共同商定去医院就诊事宜。

3. 食谱制定和营养计算

幼儿园的食谱制定和营养计算需要保健室的教职工与厨房的工作人员共同完成，基本流程如图 4–3 所示。

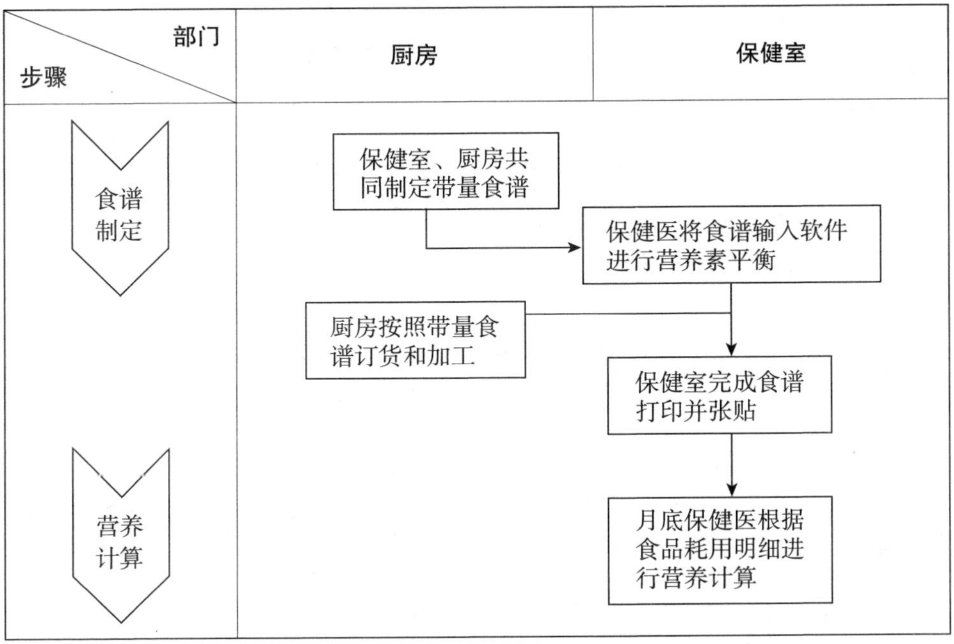

图 4–3 食谱制定和营养计算流程

幼儿园食谱制定和营养计算的关键步骤说明如下：

（1）每月在后勤主任的带领下，保健医、厨房主管、主厨共同制定下月食谱；

（2）由保健医将食谱输入软件进行营养素平衡测算，对没有达到营养要求的食谱与厨房管理员协商进行调整，生成下月膳食计划；

（3）保健室在家长宣传栏张贴食谱，还可上传至幼儿园网站；

（4）每月月底由保健医、库房管理员、厨房管理员对食品库进行盘点，然后根据进出货记录和盘点库存情况统计各类食物的耗用明细。保健医每月做一次营养计算，并根据计算结果对厨房做出反馈，在下月食谱中做出相应的调整。

4. 厨房日常卫生清扫流程

幼儿园的厨房应做好常规性的卫生清扫工作以保证厨房清洁，基本流程如图 4–4 所示。

步骤 \ 部门	厨房
清理烹饪操作间	由专人负责开窗通风，清理并擦洗灶台、灶台排水槽、蒸箱、水池、墙壁、门窗和工作台、调理柜、冰箱、冰柜等用具，清扫、擦净地面
清理油料罐	先将容器内物品倒出，去残渣、沉淀物，清洗、擦干
清洗冰箱冰柜	冰箱化霜前先将所存物品取出，关机，化霜，清理杂物、积水，擦净冰箱内外，开机
每日收尾工作	原料、半成品按卫生制度要求存放到位；刀具、用具洗净擦干，定位存放；每日清洗地面，做好各项收尾工作

图 4–4　厨房日常卫生清扫流程

幼儿园厨房日常卫生清扫的关键步骤说明如下：

（1）厨房各部分卫生要责任到人，每项卫生内容都要有专人负责；

（2）除清洗冰箱、冰柜外，需要定期清洗排风扇、抽油烟机，擦拭屋顶和灯饰。常规性卫生工作每日必须进行。定期性的卫生工作也要有专人负责，每次清理后有记录。

二、强化幼儿园卫生保健工作过程管理

卫生保健工作的过程管理是通过制订卫生保健计划、检查执行效果、总结执行情况三个环节来进行的。

（一）制订卫生保健计划

幼儿园要根据幼儿教育的总目标和当地相关部门的指示要求，结合幼儿园的实际情况，在总结之前工作情况的基础上，制订幼儿园的卫生保健计划。在制订计划之前，首先，要确定本学期卫生保健工作的总任务和要求，要突出重点并体现改进和提高的精神。其次，由各部门据此制订具体的工作计划，各项工作要任务明确、措施具体，工作方式、执行人及完成日期都要落实。最后，卫生领导小组要根据全园卫生保健工作计划的要求，制订学期的卫生计划，包括经常性和季节性卫生工作的内容及具体措施。

（二）检查执行效果

为了保障卫生保健工作按计划执行，幼儿园应该加强内部和外部检查。内部检查可以安排相关人员每日巡班，并不定时抽查。针对外部检查发现的问题，相关人员应及时改正，促进园所卫生保健工作的提升。

1. 每日巡班与不定期抽查相结合

管理人员可以每天定时对各班教师、厨房工作人员的常规工作进行监督检查，并记录检查结果（见表 4–4），以星期为单位，详细记录各班的完成情况。此外，检查应与指导相结合，加强指导力度，发现问题及时调整，保证卫生保健工作保质保量完成。除了每日定时巡班之外，幼儿园还应进行不定期的抽查，并将每日巡查结果与不定期抽查结果结合起来作为绩效考核的一部分，提升教职员工科学进行卫生保健工作的意识。

表 4–4 厨房每日检查记录表

检查项目	检查内容	检查标准	检查情况	处理办法
工作人员	个人卫生	着工作服、帽，穿戴整齐，干净，头发无外露		
	身体和精神状况	身体健康，精神状态正常		

续表

检查项目	检查内容	检查标准	检查情况	处理办法
厨房	原材料粗加工	无腐烂变质和不合规的原料		
		蔬菜择洗规范，垃圾处置及时		
		荤素分板切配		
		原材料分盆、分筐放置，菜筐不落地		
	烹调加工	饭菜足量足料		
		品种丰富		
	成品饭菜	原料、半成品、成品分别存放，不交叉污染		
	灶具	干净、整洁、无油垢		
	厨具	定位定点摆放，整齐干净		
	操作台	干净、整洁、无油垢		
	洗涤、消毒池	整洁，及时清洗，无食物残渣		
	下水道、地沟	通畅，无异味		
电气设施	开关插座	干净、正常、无破损		
	电线	无裸露、无破损		

2. 主动接受上级有关部门的检查与指导

幼儿园管理者不仅要明确本单位的行政管理单位和业务指导单位，更要有针对性地主动联系妇幼保健机构，联合教育局、卫生监督执法机构和疾病预防控制机构的工作人员来园检查与指导。幼儿园可以通过定期召开会议的方式，向检查人员汇报园所的卫生保健工作，在检查人员的指导下，通过充分的沟通交流，解决幼儿园卫生保健工作难题。此外，幼儿园还应该向妇幼保健机构及时登记上报本园的卫生保健资料，促进幼儿园卫生保健信息管理规范化，加强各岗位工作人员的健康和安全意识，使工作人员始终保持高度的警觉性，同时切实提高各个岗位人员的卫生保健水平和专业性。

（三）总结执行情况

幼儿园要经常对卫生保健工作的开展情况进行总结，可以采取单项总结与期末总结相结合的方式。单项总结是指对开展的某一项卫生工作进行及时的工作总结，可以开展交流会，由各班教师将本班开展这项工作的想法和做法进行展示。教师之间相互学习，取众人之长，提升卫生保健工作的时效性。期末总结是指在每学期或学年结束时对卫生保健工作做全面的总结，通过回顾计划的执行过程，对上一阶段所承担的卫生保健工作进行分析，总结经验和教训。针对工作出色的方面要进行总结，以在下一阶段的工作中巩固和发扬好的经验。针对工作中的薄弱环节，应进行分析研究，制定切实可行的改进方案。

典型案例

案例 4-1　　谁为烂苹果负责[①]

有一天，园长去食堂检查工作。当时，炊事员正将各班的水果搬往配餐间。园长从一堆苹果中看到一个烂苹果，便对炊事员说："里面有个烂苹果，赶紧换个好的！"炊事员有点尴尬地说："没有了，我实在挑不出来……"园长立刻叫来食堂管理员："验货时为什么不仔细查看？烂苹果绝对不能收！"园长又找到分管食堂的后勤主任："饮食安全不仅事关幼儿的身体健康，而且影响幼儿园的社会形象。今后，一定要严把进货关，千万不能让幼

① 张嵘．幼儿园管理 72 个经典案例．北京：开明出版社，2018．有改动．

儿吃到烂水果！”之后，园长来到各班巡视，告诉当班的老师：“一旦发现烂水果，必须挑出来，千万不能疏忽！”园长还告诉小朋友：“如果发现了烂水果，一定要告诉老师！如果吃下去，会生病的！”回到办公室，园长又开始琢磨如何完善制度，确保今后不再发生类似问题。

案例分析

幼儿园出现烂苹果的原因主要有以下两点：一是幼儿园的食品采买制度、幼儿园食品验收及出入库制度不够完善，各项要求不够详尽；二是食堂员工没有很好地履行自身的工作职责，如食堂管理员没有履行好监管职责，在验货时没有仔细查看。案例中的园长严格落实幼儿园卫生保健工作的过程管理：认真检查教职工的工作情况，善于发现问题，并在发现问题后及时采取有效的应对措施。园长深知要想确保烂水果不进入幼儿的口中，就需要严格监控好每一个环节。为此，园长采取了以下措施：一是要求炊事员换掉烂苹果；二是要求管理员仔细验收；三是对后勤主任强调事情的严重性；四是嘱咐当班教师提高警惕；五是提醒幼儿注意烂水果；六是完善制度。这些措施形成了一个立体化的防护网，既解决了当下的问题，又优化了卫生保健管理制度，防患于未然。

烂苹果的出现反映出幼儿园精细化管理的不足。面对幼儿的膳食，管理者务必做到事无巨细、事必躬亲，在“精”字上提要求，在“细”字上下功夫，在“实”字上做文章。首先，应选择合适的供应商，严格把关食品采购环节，认真检查采购食物并做好记录，保留检验证明。其次，应严格执行食品卫生要求，保证幼儿的食品安全。最后，应建立伙食委员管理会，形成民主管理监督机制，对膳食管理的各个环节进行监督。此外，当出现膳食管理、卫生保健问题时，务必及时找出问题的原因并解决。只有在膳食管理、卫生保健管理的每一个环节做到精细化，才能逐步实现管理目标的具体化、管理责任的明确化。

法条链接

《幼儿园工作规程》第十四条明确规定，幼儿园应当严格执行国家有关食品药品安全的法律法规，保障饮食饮水卫生安全。幼儿园应当为幼儿提供安全卫生的食品，保证幼儿合理膳食。

第二节　幼儿园总务后勤管理

幼儿园总务后勤职务范围十分零碎和复杂。除了不直接参与一线教学和直接管理幼儿之外，在其余方面都会参与，几乎涵盖整个园所的管理，如岗位管理、档案管理、专款管理、基础建设管理以及薄弱环节的管理等。

一、落实岗位管理

为更好地实现幼儿园的可持续发展，拥有一支设置合理、充满活力的教职工队伍是关键，这也是体现幼儿园办园水平的重要标志。总务后勤工作纷繁复杂，幼儿园应科学设置岗位，整合人力，人尽其用。

（一）聘用专业人员

幼儿园总务后勤管理岗位需要专业的人员，以保障工作中的高质、高效。

幼儿园要重视总务后勤人员的聘用与培养，选择专业相关且热爱管理岗位的人员，培养他们的责任意识、标准意识、主动精神和服务精神。

（二）认真履行岗位职责

对于幼儿园来说，后勤管理人员虽然不多，但是在面对突发事情面前，如果岗位职责不明确，就会出现很多事情无人做、幼儿园管理者独自一人忙的情形。

管理者应将岗位职责明晰化，定期开展后勤行政会议，总结后勤工作。一方面可以使每个人明确自己的任务，互相监督，相互管理，落实当月任务，另一方面可以引导大家反思自己的不足之处，互相提出合理化的建议并完善。

（三）严格遵守制度

针对幼儿园后勤管理工作制度的建设，管理者要从全局出发，使各位工作人员全面意识到园所管理工作的重要性，并且要制定相应的管理制度，使幼儿园的管理全方位提升。为此，幼儿园需要制定总务后勤工作标准，细化每项工作的要求和流程，保障幼儿园后勤管理工作的有序开展。

典型案例

案例 4–2　　后勤副园长岗位职责①

1. 在园长领导下，负责领导全园的后勤工作，管理好幼儿园的园舍、设备、财物，做好增收节支的各项工作，为保教工作服务。

2. 加强后勤工作的日常管理。深入各班组检查工作、了解情况，解决日常后勤服务中出现的各种问题。

3. 督促后勤人员履行岗位职责。主持制定并严格执行后勤人员工作质量考核办法并向园长提出奖惩建议。

4. 做好后勤人员的政治思想工作，组织后勤人员开展政治学习和业务学习。

5. 搞好财产管理。定期清查园内财产，建立固定资产台账，做好物品的供应、使用、保管、损坏赔偿工作。

6. 做好安全保卫工作。做好防火、防盗、防幼儿走失、防食物中毒工

① 案例来自周丛笑等编著《幼儿园危机管理策略与实例》，中国轻工业出版社 2018 年出版 . 有改动 .

作。对园内设施设备、房屋建筑定期进行安全检查并组织维修与更新。保持幼儿园环境整洁优美；规范门卫管理；做好厨房食品安全、用水安全、用火安全；组织教职工安全教育。

7. 做好防病、消毒的组织管理工作。督促医务人员认真落实疾病防控、食品卫生、用品消毒、消灭蚊虫等工作。

8. 加强食堂管理。抓好食品采购与保管、幼儿营养搭配、食谱制定等工作，管理伙食收支，定期向有关方面报告伙食收支情况。

9. 加强对水电工、司机、传达人员、杂工的管理。督促其严格执行岗位操作规程，确保安全，严格用车管理。

10. 加强对财务室的管理。督促财务室按财务制度及时完成收费、财务结算等日常工作。

11. 协助园长做好劳资、人事工作。做好工作人员的年度考核、职称评定、考勤和奖惩等工作。协助各部门做好人员聘用及档案转存工作。

12. 园长因公外出或因病休息时，协同保教副园长共同管理全园各项工作。

案例分析

后勤工作是幼儿园工作的重要组成部分，上述案例从 12 个方面对后勤园长的主要职责做了详细说明。幼儿园的后勤工作要从幼儿园的基本任务和后勤工作的特点出发，处理好整体和个别的关系。后勤管理人员需从幼儿园整体出发把握后勤管理，用发展、科学的手段开展后勤管理工作，促进幼儿园整体管理水平的发展与提高。园长作为控制幼儿园发展方向的掌舵者，可以运用手中的权力管理幼儿园，提升团队的核心凝聚力，做后勤管理工作中的“方向盘”。

法条链接

《关于中等职业学校、普通高中、幼儿园岗位设置管理的指导意见》要求根据幼儿园的社会功能、职责任务、工作性质和人员结构特点等因素，综合确定幼儿园管理岗位、专业技术岗位、工勤技能岗位总量的结构比例。管理岗位指担负领导职责或管理任务的工作岗位。工勤技能岗位指承担技能操作和维护、后勤保障、服务等职责的工作岗位。

《幼儿园工作规程》第三十八条明确规定：幼儿园按照国家相关规定设园长、副园长、教师、保育员、卫生保健人员、炊事员和其他工作人员等岗位，配足配齐教职工。这就要求幼儿园要落实好岗位管理工作，人尽其用。

二、精细管理档案

幼儿园档案是记录幼儿园发展历程和信息的重要资源，是做好幼儿园工作不可缺少的首要材料和原始依据。幼儿园档案管理是幼儿园管理工作的一个重要组成部分，是幼儿园的一项重要基础性工作，直接影响幼儿园各项工作的开展。

（一）建立健全管理制度

建立健全幼儿园档案管理规章制度，是做好幼儿园档案管理工作的重要环节，可以保障档案工作有章可循。档案管理制度需要结合园所的实际情况。如教师业务档案可以对幼儿园教师在园所有工作进行翔实记录，涵盖工作学习、事件经验、活动感悟等多项内容。

建立健全幼儿园完整的档案网络管理体系，要立足日常工作。幼儿园档案管理应引入系统论的观点和现代化管理的方法，把幼儿园档案工作的历史、现状和发展前景结合起来，体现思想性、科学性和适用性。首先，幼儿园档案分类的体系结构、类目设置、序列编排，都必须以国家有关档案工作的法规标准为依据。从实际出发，突出教学、科研档案在幼儿园档案中的中心地位，发挥行政管理档案统率全局的作用，力求反映新时期幼儿园职能活动的新情况、新特点。其次，幼儿园档案管理的各项内容，既要实事求是，符合幼儿园档案工作的实际，又要在理论与实践的结合方面，有较强的科学性，有所创新。最后，幼儿园档案管理应采用多元、灵活的处理方法，在强调大原则统一的同时，根据实际情况和发展水平灵活设计。为了方便使用，幼儿园档案管理在类目名称、模式、标识等方面，要力求做到准确、简明、易懂、好记。

（二）档案分类明确合理

有的幼儿园把档案视为材料的堆积，一概装订起来，看起来档案材料齐全、琳琅满日，其实不符合档案整理的规范要求，材料杂乱，查找困难。

在信息化时代，在幼儿园档案管理方面，可以采用先进技术管理档案，实现管理手段的现代化，例如，将相关的档案资料通过人工输入或者扫描的方式形成电子档案，然后借助大数据存储系统进行统一保存，同时为了方便查阅，可以对档案进行逐一编号。一旦需要具体调阅资料时，只要轻松地输入档案的编号或者关键词，即可方便、快速地找到。同时，这也可以促进信息的共享，实现档案资源的有效分享。

（三）专职专业保管档案

档案管理看似简单，实则复杂。要做好幼儿园的档案管理工作，必须选一个既懂档案管理业务知识又熟悉幼儿园各项工作业务的教师。但是有的幼儿园并未配置专门的档案管理人员，导致档案工作不够科学有效。

幼儿园要加强对幼儿园档案管理人员业务的培训，不断提高其技能水平，这样才能适应新形势下幼儿园发展的需要。

典型案例

案例 4–3　　安全管理档案的思与行

安全管理是幼儿园整体管理工作的重要组成部分，建立全面清晰的管理档案，是构建幼儿园安全管理体系的重要抓手。我园从安全工作基本情况、岗位职责、工作计划总结、规章制度、监督落实、应急预案、应急演练、内部标准细则、警示教育、课程体系建设、专项考核及其他等 12 个方面，着手建立安全管理档案目录，并逐一细化一级目录的二级指标，明确存档材料范围。

在档案管理初期，幼儿园先将已有安全管理材料进行分类，对照目录进行匹配存档，形成安全档案 1.0 版本。在完成 1.0 版本整理的基础上，查找安全档案体系中缺少的材料，分析缺失原因，在安全管理专家的指导下，及时进行相关资质、检测报告、管理制度等材料的补充完善。在安全管理体系中，除相对固定的档案外，也包含动态管理档案。如安全工作监督落实指标中，需要及时填充上级下发的安全管理文件、定期召开的安全管理专题会议记录、全园安全学习培训记录、日常安全检查工作清单、台账、安全警示教育记录、意外伤害事故台账等。这些都需要按照规范的表格文本，进行记录、留痕、存档。

安全档案管理成效能够折射出幼儿园对安全工作的重视程度以及领导者管理思维的科学性、管理办法的实效性。幼儿园应该从档案的整体架构入手，注重管理过程的严谨规范，制定倒逼机制，促进安全管理工作质量的有效提升。

（案例提供：辽宁省人民政府机关幼儿园　聂铬）

案例分析

本案例作者分析了在幼儿园管理工作中的安全管理档案问题。安全问题是幼儿园的头等大事，目前，幼儿园安全工作档案管理中存在的主要问题是：幼儿园安全工作档案管理制度落实不到位、责任不到人。很多幼儿园没有建立专门的档案室，也没有专门的档案管理人员，已有的安全工作档案分类布局不合理，大量安全工作档案分散保存在幼儿园各科室或员工手里。很多幼儿园忙于应付各项检查和考评，往往是为了检查而在恶补相关档案，存在形式上的“救火”多、真正意义上的“防火”少的现象。

幼儿园安全工作涉及面广，相关环节和人员多，安全工作文件材料既零星又分散，却是幼儿园安全工作档案的重要来源。来源零星、分散的特点决定了幼儿园安全工作档案的收集和提交必须及时、准确。收集工作既是首要环节，也是关键环节，可实行三步走方法。第一步，责任承担。按照幼儿园现行的“一岗双责”安全工作责任制要求，园内每位教职工都是安全工作的承担者和责任人。所以，各部门、各教职工在工作中都会或多或少、不同程度地参与形成第一手安全工作文件材料。第二步，征集上交。安全员征集幼儿园内分散的各种安全工作文件材料，收齐后交到档案室进行统一管理。第三步，专业归档。幼儿园档案室工作人员对上交的安全工作文件材料按照相关的档案原则进行归档。

法条链接

《中华人民共和国档案法》第十九条明确规定，档案馆以及机关、团体、企业事业单位和其他组织的档案机构应当建立科学的管理制度，便于对档案的利用；按照国家有关规定配置适宜档案保存的库房和必要的设施设备，确保档案的安全；采用先进技术，实施档案管理的现代化。

三、完善财务管理

我国财政体制改革的不断深化，对幼儿园财务管理产生了深远的影响。与此同时，随着我国对学前教育事业的逐渐重视，幼儿园办学理念和教育教学模式也发生了变化。幼儿园财务管理环境因此发生了巨大改变。

目前，在我国很多幼儿园的管理工作中还普遍存在着重视教研而忽视管理的现象，在很大程度上制约了幼儿园财务管理工作的发展，导致幼儿园财务管理水平滞后，难以适应当前学前教育发展的新趋势。

（一）完善财务管理制度

幼儿园需要构建与完善幼儿园的财务管理体系，结合实际制定核算流程，具体包括以下几点。

第一，幼儿园园长严格遵循勤俭节约的基本原则，对幼儿园的财务管理工作全面负责，按照幼儿园财务活动的基本规律，科学合理地使用各项教育经费，从而最大限度提高财务资金的利用率。

第二，幼儿园财务管理人员应该严格遵循国家制定的相关法律法规，构建系统全面的财务管理制度，进而对幼儿园财务进行合理的管理，展开有效的监督评价。

第三，明确岗位责任分工，保证财务资金的安全性。

（二）坚持专款专用制度

幼儿园应按当地物价部门核定的收费项目、标准收费。收取的费用必须专款专用，如不得以培养幼儿某种技能为由，另外收取费用；不得以幼儿表演为手段，进行以营利为目的的活动。幼儿园必须严格执行财务管理制度，确保收支分开，账目清楚。幼儿膳食（点心）费应建立专账，独立核算，按成本收取，收支平衡，严禁克扣、挪用幼儿伙食费。

如为保证幼儿伙食费月盈余不超过2%，要做到每月伙食费在月中、月底结算两次，做到每天记账，并与厨房购买记录、保健医生营养计算记账一致，按月对未到园的幼儿“退伙”，每月初向全园家长书面公布上月幼儿伙食费收支情况，做到幼儿伙食费账目公开透明。

（三）执行经费预算制度

很多幼儿园只重视预算收支，却忽视预算编制和评价，对于预算管理重视不足。也有的幼儿园偏重于向上级主管部门争取资金，但在怎样合理有效地使用资金等方面重视不够，对预算编制的重要性认识不足，使资金难以发挥应有的作用。

幼儿园管理者必须对预算工作的各方面给予高度的重视。本着“统筹兼顾，收支平衡”的原则，编制每学期经费预算。通过科学合理的编制预算，实行预算内外的综合统筹，将幼儿园的全部收支纳入预算管理的范畴。

典型案例

案例 4-4 孩子们的伙食费都“吃”到嘴里了吗？[①]

天翔幼儿园（化名）是江苏省某市一所民办寄宿制幼儿园，规模颇大，硬件良好，师资力量较强，在当地有着较好的口碑和影响力。孙园长在该园工作多年，将幼儿园管理得井井有条。

2 月 7 日，分管后勤工作的副园长刘颖（化名）突然告诉孙园长，在本市的“教育视窗”网站论坛上，有一篇帖子涉及天翔幼儿园。孙园长打开电脑，找到了那篇“天翔老师把孩子的菜打包带回家”的帖子：“尊敬的孙园长：我是天翔幼儿园大三班幼儿的家长，我向您反映一个亟待解决的突出问题，就是班上的老师把孩子的菜打包带回家。此事我一直想对您说。不管怎么说，每个孩子都按规定交了伙食费，无论孩子吃不吃，他们都有权利得到应得的那一份。现在的小孩子很懂事，在幼儿园里不敢说，回家说了之后还不要我们跟老师提，我们感到很寒心。请孙园长百忙之中抽出时间认真整顿一下，让孩子们吃好，让家长真正放心，不要影响孩子们的身心健康。拜托了。”帖子是 2 月 3 日发的，离刘老师发现这篇帖子已经过去 4 天了，后面已经有数十人跟帖。有的网友跟帖说：“这种事也能干出来？真丢脸！不过感觉在民办幼儿园也正常！”也有网友认为不太可能发生这样的事情：“应该不会吧，你可以到幼儿园网站上留言，询问是否属实。”

孙园长对此十分重视，认真调查后在论坛连续跟帖：“家长朋友您好！今天一早我们幼儿园成立了调查小组，已经对您反映的问题做了细致的调查，现将具体情况反馈给您。首先，我们查看了最近一段时间大三班孩子用餐全过程的录像，根据录像的内容，我们没有发现老师有您说的这种情况。在孩子用餐的过程中，配班老师一直在教室里看护孩子用餐，主班老师在吃幼儿园提供的工作餐，而且大三班孩子的饭量较大，从录像中可以看到保育老师两次去厨房，为孩子添饭加菜。”

① 案例来自周丛笑等编著《幼儿园危机管理策略与实例》，中国轻工业出版社 2018 年出版 . 有改动 .

“除此之外，我们还找老师了解了情况。班级老师说：‘我们不会做出这种让人看不起的事情，我们家里不会穷到没有菜下饭，而且幼儿园各班教室里都有摄像头，我们不可能明知故犯，给自己找这种麻烦。这学期，我们唯一一次吃孩子的东西是在迎新年包饺子活动中，当时班上的家长都参与了。饺子煮好以后，我们首先请孩子端一碗送给家长，然后孩子自己吃饺子，后来家长邀请老师也来分享他们的劳动成果，这样，我们三个老师就一人吃了一碗。’家长朋友，不知道我们给您的反馈能否让您了解事情的原委，对这件事给您带来的困扰我们深表歉意！伙食方面，我们幼儿园对于孩子的饭菜（包括点心）是不限量供应的，如果孩子不够吃，幼儿园厨房会有备份。如果您还有什么需要和我们交流的，可以直接拨打我的电话……”

该帖子涉及的两位老师倍感压力和委屈，她们情绪激动，要求孙园长澄清事件的真相，恢复自己的名誉。孙园长为了能更好地给家长和老师一个交代，在网站留言：“家长你好，我们请办公室保留了录像内容，您可和我们一起查看，我们也将为您和老师提供一个交流的平台！”但最终孙园长也没见到那位家长。

最后，孙园长安排人员将这起由家长发帖投诉引起、投诉人又缺席参与调查的事件在本园网站上公布出来。幼儿园很快恢复了平静。同时，孙园长还带领几位副园长认真排查了幼儿园可能存在的各类危机，并制定了相应的应对预案。

专家解读

这个案例发生的原因主要有三个方面：一是社会对一些幼儿园不信任，二是家长对幼儿园经费使用不信任，总担心幼儿的伙食费被挪用或侵占；三是幼儿园与家长之间缺乏交流平台，导致家长去网络平台匿名反映情况，而不是直接与园方沟通。

在本案例中，面对突发的社会舆情，孙园长认真面对，深入了解，积极处理，做到了四个方面的工作。一是认真了解情况，在发现网络帖子后，第一时间成立了调查小组，回看录像，走访教师，对相关情况进行认真了解，及时反馈。二是全面分析原因，对于家长误以为幼儿进餐是限量的（实际上是无限量供应、幼儿随时可添加），教师吃了孩子们的伙食（实际上是教师在班级包饺子的活动中吃过一次饺子）等这些情况进行一一说明，消除误解。三是积极给出解决办法，除了积极反馈调查情况、在平台留下自己的联系电话外，还主动邀请家长来幼儿园查看相关视频，力求开诚布公地进行交流和沟通，消除大家对民办园的偏见。四是兼顾内外，维护全园利益，园长在积极解除家长误解的同时，也有效开导园内受委屈的老师，搭建公开、透明的交流平台。由于未得到家长的正面回应，园长把事件的完整情况在幼儿园网站上公布出来，既起到提醒作用，又展示了办园形象，还彰显了幼儿园欢迎监督的态度，较好地维护了幼儿园的利益。

从案例中获得的启示主要有三点。一是坚持伙食费公示制度，在幼儿园醒目位置公布幼儿一周食谱和营养膳食搭配情况，按月公示幼儿伙食费收支使用情况，让家长全面了解幼儿伙食费用是用在幼儿身上的，增强对幼儿园的信任。二是搭建多途径家长交流平台，在家长遇到问题或疑惑时不是借助第三方平台反映，而能够直接与班级教师交流，或者畅通地与园方直接沟通，双方直接对话，避免误解。三是幼儿园要建立危机应对预案机制，及时关注与幼儿园发展有关的各类突发情况或危机，避免被动应对，而是主动有效预防和快速有效应对。

（湖北第二师范学院　伍香平）

法条链接

《幼儿园工作规程》第四十八条明确规定，幼儿园的经费应当按照规定的使用范围合理开支，坚持专款专用，不得挪作他用。幼儿园必须优化财务管理职能，开源节流，优化教学资源配置，实现教育投资的社会效益与经济效益最大化，更好地为教育教学服务。

四、严格基础建设管理

保证基础设施建设的安全以及构建安全的幼儿园环境，是幼儿园教育的重要基础。近年来，幼儿园安全事故频发，危害幼儿生命健康。只有建立可靠的基础设施管理制度，才能形成良好的安全管理环境，推进幼儿教育事业发展。

（一）严格管理程序

幼儿园基础设施建设工作需要贯彻执行国家及省市关于基本建设与土地规划管理的相关法律、法规和政策，严格按照标准来实施。

基础设施建设项目要层层把关，严格制定实施细则，聘请相关部门和领导到现场审查与评判，选择专业工程队伍实施，按照有关法律法规签订实施合同。在过程中加强质量监督，聘请专业监理人员，出现问题及时返工。园所负责人要负责跟进每个施工程序，详细了解并做记录。

（二）制定详细方案

幼儿园要考虑在基础设施建设中存在的问题，做到未雨绸缪。比如，实施场地是否会影响幼儿的活动，实施过程是否会影响幼儿的身体健康和生命安全，家长方面是否会出现意见，以及是否影响到幼儿园正常的工作秩序等。

幼儿园要制定详细施工方案，对施工进行全程监督，督促施工单位按照实施细则和合同的要求严格施工。

（三）制定完善的基础建设工作制度

幼儿园要根据相关基本建设的法律、法规，结合本园所后勤管理人员的岗位工作特点和条件，制定符合本园的基础建设工作制度，规范基建工作程序，保证建设质量。

幼儿园可以借助行业主管部门和地方质量监督机构，对基建工作进行有效监督，如果发现质量问题，需要及时处理，提高工作效率。

典型案例

案例 4–5 工程合同引纠纷，管理流程规范化

2020 年 10 月，我接到上级教育行政主管部门的任职文件，来到乡镇中心园任职园长职务，刚来就遇到一棘手的工程合同纠纷问题。经调查了解，刚刚过去的暑假期间，幼儿园为安装地胶工程，与施工方签订合同。工程完工后，幼儿园在付款环节发现签字负责人不明确、没有验收环节、手续不齐等问题，无法完成相应手续，未按时支付，致使施工方将幼儿园起诉至法院。考虑到时任园长已经调离工作岗位，我们积极寻找解决问题的出路，最后完善各项程序手续，协商解决了问题。

经过这次教训后，幼儿园着力规范管理流程，特别是将幼儿重大决策、采购及工程验收的程序进行“流程化”“可视化”管理，为以后的规范工作做好准备。

（案例提供：贵州省松桃苗族自治县盘信幼儿园　张舒）

案例分析

在上述案例中，因上任园长调离工作岗位前没有处理好幼儿园工程问题，导致幼儿园陷入工程合同纠纷，其中最根本的原因一是工程合同存在问题，管理流程规范化有待提高，二是上任园长与新任园长之间没有做好交接工作。

新任园长在处理工程合同问题时，坚持积极解决问题的态度与原则，积极寻找问题发生的原因，提出妥善的解决方式，完善各项程序流程，有利于幼儿园长远健康发展。

作为幼儿园管理组织核心的园长负责制，是以园长对园内各项工作负责为核心、教职工参与民主管理的领导体制。园长在幼儿园工作中具有最高行政权，在幼儿园遇到重大决策和设施设备采购时，可以从以下方面做好分配与决策工作：第一，确定议题，咨询论证，征求意见；第二，安排召开教职工代表大会；第三，到会人员逐一发言，表达意见，一事一议，逐项表决；

第四，办公室主任做好会议记录，形成表决结果；第五，每位与会人员签字确认；第六，园务公开公示；第七，资料归档留存备案。

法条链接

《幼儿园工作规程》第十三条明确规定：幼儿园的园舍应当符合国家和地方的建设标准，以及相关安全、卫生等方面的规范，定期检查维护，保障安全。幼儿园不得设置在污染区和危险区，不得使用危房。幼儿园的设备设施、装修装饰材料、用品用具和玩教具材料等，应当符合国家相关的安全质量标准和环保要求。

五、加强薄弱环节

《国务院关于当前发展学前教育的若干意见》明确指出，各地要高度重视幼儿园安全保障工作，加强安全设施建设，配备保安人员，健全各项安全管理制度和安全责任制，落实各项措施，严防事故发生。相关部门按职能分工，建立全覆盖的幼儿园安全防护体系，切实加大工作力度，加强监督指导。幼儿园要提高安全防范意识，加强内部安全管理。安全管理是幼儿园管理工作中的重中之重，幼儿教师是安全工作的组织者和执行者，但部分教师由于自身缺乏必要的安全意识，加之缺乏责任心和耐心等主观性原因，极易引起相关问题。

幼儿园要建立正常的安全防护秩序，加强幼儿园的常规管理，使之不断制度化、科学化和规范化，确保每个幼儿的人身安全，促进幼儿身心健康成长。

薄弱环节管理有助于幼儿园管理质量的提升和工作质量的改进。在薄弱环节管理中应重点关注以下三方面：重点防线管理、重点环节管理和重点季节管理。因此，管理人员要重视预防和防范，制定详细的预案，拟订周密的计划，强化资源的整合与联动，有效消除安全隐患点，让幼儿健康地成长。

（一）抓好重点防线管理

门卫的管理工作极其重要。门卫对第一防线的看守直接关系到幼儿的安全。幼儿园应当严格执行国家和地方幼儿园安全管理的相关规定，建立健全包括门卫、幼儿接送交接、活动组织和幼儿就寝值守等安全防护和检查制度，建立安全责任制和相关应急预案。

（二）抓好重点环节管理

饮食管理在一年四季都值得注意，比如夏季天气炎热，在食物温度方面要严格注意，防止幼儿出现烫伤事故。在食品卫生方面，严格把控食品采购与制作的每个环节，以防出现幼儿园膳食工作危机，例如发生幼儿大规模贫血、中毒事件等。

（三）抓好重点季节管理

树立预防为主的观念，在不同季节做到有效防控。如春季是幼儿生长的季节，要保障幼儿身体的健康，合理膳食。在夏季，要注意幼儿衣服、鞋袜的舒适度，例如凉鞋鞋跟后处的鞋带一定要结实，活动时鞋子可以挂得住。在秋冬季，要做到防滑、防潮、防冻等安全防护，制定下雨下雪天防滑预案等。

伙食管理工作制度①

一、关于食品卫生

1. 严格执行《中华人民共和国食品卫生法》。

2. 食堂要每日一小扫，每周一大扫。

3. 环境卫生做到定人、定物、定时、定质，保持整洁。

4. 工作人员上岗时穿工作服、戴工作帽，如厕时脱工作服，接触仪器要用工具夹，工作前先洗手。

---

① 案例来自周丛笑等编著《幼儿园危机管理策略与实例》，中国轻工业出版社 2018 年出版 . 有改动 .

5. 做到生熟器具分开使用，生熟食物、成品与半成品分开，冰箱内的食品同样生熟分开，购买熟食后要加热再吃。

6. 食品加工制作过程所用的工具充足，生熟分开，用后洗净放在干净固定的位置盖好，防止污染。

7. 食品工具、器械用后洗刷干净并用洁净的布盖好。

二、关于采购与验收

1. 按照食谱认真购买主副食及水果等，及时供应食堂半成品及原料，保证饭菜质量。

2. 采购员做到不买不适合幼儿吃的食品，不买腐烂变质食品，不买过期积压食品，防止幼儿食物中毒。

3. 由管理员、炊事员、保健医生对食品质量进行验收，严格把关。

三、关于幼儿伙食

1. 严格执行出入库制度，出入库要有手续，建立账目，及时核对，账物相符，日清月结。

2. 非库管人员不得随便入库。

3. 库房有专人负责，物品摆放整齐，室内整洁、通风，有清扫制度，有防虫、防鼠、防腐措施。

4. 定期盘点，防止物品、食品腐烂变质及虫蛀等。

5. 做到公私严格分开，精打细算，计划开支，把一日食物定量标准恰当地分配到三餐两点中去，保证幼儿营养充足。

6. 准确掌握幼儿出勤人数，做到每天按人数定量供应主副食，按时开餐，如出现提前或推迟早餐现象，给予相应处罚。

第五章

幼儿园发展与创新管理

“老龄化”幼儿园的自救

L园作为成立时间较早的一所街道办幼儿园，办园资金以幼儿的保教费为主，服务辐射周边的社区。近年来，周边新建、改建的幼儿园不断增多，该园虽为公办幼儿园，但设施设备老旧，办园理念也落后，整个教师队伍的活力受到影响，死气沉沉的园所氛围导致生源数量直线下降，与当地学前教育高质量发展的需求存在较大差距。园长分析园所内部发展的优劣势以及面临的外部机遇与挑战，从外到内进行整体修整，管理方式日益程序化与规范化，内部管理架构进一步明晰，资金的收支得到合理把关，也专门请专家对园内教师进行专业培训，提升教师的专业发展水平。经过这次自我反思和行动，L园获得了重生。

上述案例中，L园的优势在于成立时间较早，园所基础较为扎实，有一定的影响力；劣势在于理念没有及时更新，园所设施设备老化，师资专业发展培训欠缺；机遇在于学前教育政策的支持以及社会对高质量学前教育的需求；挑战在于资金的收支平衡。园所及时运用系统分析法进行内外部优劣势、机遇挑战的整合分析，将管理中的失范问题作为园所整改的突破口，最终实现华丽转身。

第一节　幼儿园的发展管理

幼儿园的发展管理是关乎学前教育质量的重要议题。其中，办园理念是幼儿园发展的指导思想和行动准则，梳理办园理念对于提高幼儿园教育质量、推进幼儿园教育改革和发展具有重要意义，而改革学前教育体制机制是破解当前学前教育现实困境、实现学前教育长期稳定发展的关键所在。此外，幼儿园的发展还需要关注内部潜在风险，建立相应的防范措施。

一、确定办园理念

办园理念是园所独特文化的体现，与幼儿园的定位和发展息息相关。通过明确和凝练办园理念，幼儿园能够明确自身的定位和发展方向。确定办园理念时，既要立足于教育发展的规律，又要根据园所自身的教育实践。

（一）办园理念、目标、特色的综合思考

理念是行为的先导，幼儿园办园理念是对园所发展的引领。幼儿园根据办园理念确定办园目标，确定幼儿园发展计划和教育教学方案。幼儿园办园特色是办园理念和办园目标在实践中的具体呈现，一所幼儿园的生存与发展离不开对办园理念和办园目标的追寻。

1. 办园理念及其制定

办园理念对办园目标、办园特色等能够起到引导作用。对外，办园理念可以使家长及社会其他群体快速了解园所，展示园所的教育价值观和未来的发展走向。对内，办园理念也有重要的作用，它可以使团队成员拥有共同的信念，增强团队凝聚力和归属感，确保幼儿园工作方向保持一致。总之，办

园理念既是幼儿园向外界展示自身形象和价值观的重要方式，也是园所开展内部工作的重要指引。

幼儿园办园理念的制定是一个集思广益的过程。园长可以组织教职工、家长和专家等多方人士参与讨论和决策。首先，办园理念需要符合国家的方针政策，园长需要关注国家教育政策的最新动态，确保幼儿园的办园理念与国家的教育目标相一致，对幼儿园的发展具有积极的推动作用。其次，办园理念的制定要基于幼儿的身心发展规律，在深入研究幼儿认知、情感、社会性发展等方面特点与需求的基础上，以相应的教育教学理论知识为依据，探寻本园的教育理念，从而生发出本园的办园理念。再次，园所属性、文化脉络和未来走向是制定办园理念的重要考虑因素，幼儿园的历史和文化传统以及未来社会的变化趋势都不可忽视。最后，园长个人情怀的影响也不可忽视。园长应该从自身经验出发，广泛了解其他优质幼儿园的办园理念，打造适合本园的独特理念。总之，幼儿园办园理念的制定需要集众人之智，结合国家政策、幼儿发展规律和园所特点，寻求教育理论与园长个人经验的交融。

2. 办园理念与办园目标

办园目标指在办园理念的引领下，结合园所发展实际构建的未来想要达到的某种境地。目标的制定、执行以及评价一系列过程，是引领园所持续发展的保障。

办园目标是园所在具体实践中要达到的预期结果，办园理念体现出的园所的核心价值观和教育信仰是办园目标实现的重要支撑。办园理念塑造办园目标，办园目标反映办园理念。幼儿园可以在办园理念的指导下确定办园目标，办园目标也会推动办园理念的发展。设立明确的办园目标有助于园所更好地实施办园理念并不断推动理念的发展，通过评估和调整办园目标的达成情况，可以进一步完善和发展办园理念。

3. 办园理念与办园特色

办园特色是幼儿园实际教育教学中的独特内容与方法，是办园理念和办园目标在实践中的具体呈现。办园特色实质上是幼儿园在长期的教育实践过程中形成的独特而稳定的办园经验。它是在全面贯彻国家教育方针的基础上，在长期的办园实践中逐步形成并通过园所的办园理念、教育教学活动、课程内容、环境创设、师资建设、教育管理等多方面综合体现出来的独特的、优秀的、稳定的办园风格和特征。

办园理念为幼儿园的办园特色提供指导与支持。办园理念反映幼儿园对幼儿发展的认识，是核心教育价值观和信念的体现。办园特色是办园理念在实践中的延伸与呈现，可以更好地体现办园理念所倡导的教育价值观与信念，办园特色的形成与发展可以进一步加强幼儿园理念。总之，办园理念是办园特色的基础和指导，办园特色更好地体现了办园理念所追求的教育目标和价值观，理念与特色相互依存，相互支持，共同构建了幼儿园的独特办园模式。

（二）SWOT 适应性办园战略分析

适应性办园指的是幼儿园根据不同时期的需求和环境变化，灵活调整自身的发展战略。SWOT 模型可以提供系统化的分析框架，准确定位园所的优劣势以及面临的机遇与挑战，从而指导园所制定相应的发展战略和具体的行动方案。SWOT 包括 S（内部优势）、W（内部劣势）、O（外部机会）和 T（外部威胁）四部分，相应地包括四种不同的策略组合：SO 策略（运用优势把握机会）、ST 策略（运用优势回避威胁）、WO 策略（把握机会改善劣势）和 WT 策略（改善劣势回避威胁）。

1. 战略管理

战略管理的前提是目标的确定，目标进一步指引方向，最终通过目标与方向达到行动的目的。战略分析是战略管理的组成部分，没有全面精确的分析，就难以提出适合自身发展的目标。并且，随着事物各要素的发展，战略管理也要发生相应变化。幼儿园的战略管理是在全面分析的基础上，制定合适的战略目标，并根据不同层级的战略进行规划与实施，以确保幼儿园能够适应不断变化的外部环境，实现可持续发展。

幼儿园的战略目标是园所未来较长一段时期需要达成的目标，通常根据幼儿园发展实际按阶段进行规划与设计。一般而言，短期目标是在分析幼儿园优劣势的基础上，完善幼儿园的设施设备，把握运营的成本，不断建设园所口碑。中期目标是在实现短期目标的基础上，紧跟政策导向，提升保教质量，建立园所独特的品牌特色，进一步提升园所的等级。长期目标是在中期目标实现的基础上，注重园所的可持续发展，建设园所的品牌特色。

幼儿园的战略一般分为组织级战略、业务级战略和职能级战略。组织级战略一般指幼儿园的发展愿景和战略目标，业务级战略一般包括成本领先战略、差异化战略和集中型战略，职能级战略包括人才战略、品牌战略和财务战略。[①]组织级战略是幼儿园战略管理的基础，它涉及幼儿园的长远发展方向和战略目标。在制定组织级战略时，幼儿园需要考虑社会环境、教育政策以及家长需求等因素，并结合园所实际确定未来的发展路径。业务级战略是实现组织级战略目标的关键，其中的差异化战略能帮助园所通过提供独特而高品质的教育服务而形成差异化的优势。职能级战略是幼儿园战略管理中的关键要素，其中的品牌战略强调塑造和提升幼儿园的品牌形象与口碑，增强园所的影响力和声誉。总之，幼儿园需要全面考虑外部环境变化、教育需求、资源配置以及品牌建设等因素，以确保能够不断适应变化。

2. SWOT 分析

SWOT 经常被用作战略管理的分析框架，包括外部环境分析和内部资源分析。该模型将内部环境的优势和劣势、外部环境的机会和威胁统整起来形成矩阵，利用系统分析的思维方法，将各要素相互匹配加以分析。

幼儿园的内部优势往往对应优质的保育和教育质量、良好的口碑与信誉、先进的教育设施和资源以及专业的园所管理水平。具体来看，幼儿园拥有专业的师资团队和科学的教育方法，能够提供高质量的保育与教育服务；幼儿园在家长和所在社区中建立了良好的口碑和信誉并因此受到信赖和认可；幼儿园配备先进的教育设施，提供丰富多样的学习资源；幼儿园拥有高效的管理团队和规范的管理流程，能够确保幼儿园的正常运作。外部机会一般涉及国家政策的支持与鼓励、家长教育需求的多样化和个性化、技术应用和数字化转型。具体来看，政府对学前教育的重视以及政策支持为幼儿园发

---

① 冯子桐．基于核心竞争力的 S 幼儿园战略管理研究［D］．武汉：华中师范大学，2020.

展提供了机会，幼儿园可以通过提供个性化和多元化的教育服务来合理满足家长的需求，运用数字化的手段提升教育和管理效率。办园劣势一般体现为资金不足、运营成本增加、教育教学内容不适宜等。办园的挑战为人民群众对优质学前教育的追求、幼儿园家园共育工作的开展等。总之，运用 SWOT 进行幼儿园办园的战略分析，可以在厘清园所自身优劣势的基础上，明晰幼儿园发展所面临的机遇与挑战。

典型案例

案例 5-1　利用机遇迎接挑战

O 园坐落于大连东港中心商务区，与海一步之遥。

O 园在招生季，利用优美的自然环境与独特的地理位置，邀请适龄小朋友及家长来到幼儿园，进行了“带你体验海边的城堡”亲子活动。教师准备了丰富的亲子活动和美味的餐点，并在活动之余，对幼儿园进行介绍，让家长对幼儿园有了良好的第一印象。后期再经过回访，幼儿园成功吸引了第一批小朋友。

O 园幼儿园一直坚持合法办园、规范管理。国家对办园行为的督导，使该园有了更好的政策环境，取得了长足进步。

（案例提供：辽宁省大连市中山区欧缇欧幼儿园　王超）

案例分析

运用 SWOT 框架分析可知，该园所的内部优势为：自然环境优美，地理位置独特，前期亲子活动接触赢得了家长的青睐和信任，积极探索线上服务并开展家庭教育活动，密切家园联系，树立园所良好的口碑；内部劣势为资金来源受限；外部机会为政府对发展学前教育的支持政策，园所利用信息技术提供创新的线上服务；外部威胁为园所外部环境的不确定性而带来的挑战。

值得肯定的是，该园及时分析园所的处境，发挥园所的地理位置优势，加强宣传，吸引潜在生源；不断探索线上服务以及家庭教育指导，增强家长对园所的认可度，提升家长的满意度，取得了很好的效果。需要注意的是，园所要改善劣势，回避威胁，如灵活调整管理策略，积极需求组织与机构间的合作等。

二、把握发展走向

当前，我国学前教育已经从数量扩张转向质量提高，以不断满足人民群众对优质学前教育的需求。在构建普惠性学前教育公共服务的政策背景下，幼儿园要获得更好发展，就需要在学前教育政策的引导下，寻求发展机遇。

（一）集团化办园

在实现扩大普惠性学前教育资源供给、实现“5080”学前教育普惠目标的过程中，集团化办园模式能够有效扩大优质学前教育资源，完善多元办园体制，推进学前教育普惠优质发展。

幼儿园集团化是指由三个或三个以上的幼儿园经营实体，以产权关系或契约关系为纽带的学前教育机构联合体。幼儿园集团化发展是整合集团内部各机构之间文化、管理、资金、师资等各方面力量而进行的集约化、规模化的办园行为。集团化幼儿园一般是在政府、市场和园所自身的推动下产生的，有助于优秀幼儿园将自身的经验传输给其他园所，实现“一帮多”，从而达到示范和辐射的效果。集团化办园一般采用金字塔式的垂直管理方式，上下级关系明确，总园领导大局，向分园输送教育教学理念、管理理念和文化观念，统筹各分园的资源配置，有利于提高运行效率，提升保教质量和管理水平，并通过学习平台的搭建实现教师的专业化发展。

（二）公办民营

公办民营幼儿园按照民办幼儿园的管理方式，采用“管办分离”的办园模式，既可以降低举办者的办园成本及幼儿园的收费，也可以通过地方教育行政部门与机构管理，保障教育的质量。公办民营办园模式打破了以往传统的办园与管园相结合的局面，使得双方相互赋能，进而顺利实现有效的学前教育增量。

私营部门进入到与政府合作的框架体系中需要遵守相应的准入要求，政府需要考量幼儿园的经营者是否具备办学资质。对办园者的选拔一般采取公开招标或申请审批的方式。进入到公办民营运作模式的幼儿园一方面接受政府资金补助，保证保教费的收取区间在合理的收费范围；另一方面，接受政府的监督，完善园所的设备建设及人才管理机制，正确处理公益与利益的关系，在公益普惠的办园基础上适当追求利益。

三、悉知内部风险

学前教育风险一般指园所内发生的与幼儿相关的事件或场景，并导致幼儿身心发展问题及幼儿园内的人、财、物等资源困境的问题。[①] 风险由三种不同的要素构成，包括风险损失、风险因素和风险事故。幼儿园内部存在不同类型的风险，如运营风险、法律风险等。为了降低风险，幼儿园要进行风险识别并做好风险防范。

（一）运营风险

幼儿园面临的运营风险指的是日常运营过程中可能出现的各种潜在问题和不确定因素，这些风险对于幼儿园的正常运转有一定的影响。

一般来说，园所建园初期需要投入大量资金。尤其对个体举办者而言，资金压力较大，容易面临包括资金链难以支持整个园所运营、投入难以获得预期收入等经济风险。此外，园所的顺利运营离不开生源的支持。如果前期缺少对生源的剖析与挖掘，可能会产生由生源不足导致的园所的资金收入不

① 严仲连，闫琳琳．学前教育风险的生成机理与规避策略［J］．教育科学，2022（3）：76–82.

足，最终使得园所难以获得可持续发展。

有的园所在起步运营阶段资金充足，外部生源稳定，但由于内部财务管理不健全，监督缺位，引发财务资金风险，制约幼儿园的经营发展。财务管理是幼儿园运营中至关重要的一环，是幼儿园开展教学活动的重要保障。然而，许多幼儿园管理者缺乏相关知识与背景，使得他们对财务管理的理念和原则了解有限，难以有效地规划、监控和管理园所的财务活动。而有的管理者由于不够重视财务管理，没有设置独立的会计岗位，导致财务管理缺乏透明度。若缺乏上级的有效财务监管，则极易导致资金滥用和财务风险增加。为了降低运营风险，园所应建立完善的财务管理制度，包括财务制度的规范化、会计专业人员的招聘和培训、财务数据的记录与分析等。同时，需要加强上级部门对财务管理的监督和指导，确保资金使用的合规性和透明度。

（二）法律风险

幼儿园在运营管理的过程中会遇到法律风险，主要涉及幼儿安全及教职工管理方面的问题。

在幼儿园安全管理方面，可能存在传染病、食品安全以及由园所安全保卫不健全、设施设备不完善导致的风险，导致幼儿的身心健康受损。这些风险需要幼儿园管理者采取措施预防。首先，幼儿园是一个人群密集的场所，幼儿之间接触频繁且幼儿本身脆弱易感，传染病很容易传播。幼儿园管理者应制定和执行相应的传染病防控措施，如定期消毒，加强卫生教育，积极监测和报告传染病情况等。其次，食品安全问题。幼儿园管理者应确保食材购买渠道安全可靠，保证食品储藏、加工和烹饪符合卫生标准，定期检查食品质量，确保食品原材料的新鲜与卫生。对于有特殊饮食需求的幼儿，如过敏或特殊饮食习惯的幼儿，幼儿园应与家长积极沟通，制定适当的饮食方案。最后，在园所的安保方面，必须要设置安全保卫室，严防外来人员对幼儿的伤害。在园所内部，器械玩具老化、装修时所用产品健康不达标等极易造成幼儿的人身伤害，所以园所应该定期检查器械玩具等设施设备的老化和损坏情况。任何有破损或存在安全隐患的物品都应该立即修复或更换，在进行装修时选择环保、符合健康标准的产品。此外，为应对突发的意外险情，园所应定期组织安全演练，提高应对突发情况的能力，提升安全意识与应变能力。

在教职工管理方面，幼儿园可能会在教职工聘任、入职和社会保障方面存在法律风险。首先，幼儿园在聘请教职工时需要注意教师的专业资质，包括教育背景、教师资格证书以及相关培训经历等，同时要严格审查教职工的身心健康状况和政治情况。严格的核查可以降低聘请不合格教职工的风险。其次，幼儿园作为用人单位应依法与教职工签订合法有效的劳动合同，并及时履行合同中规定的义务。

（三）风险防范

为了防范风险，幼儿园需要建立完善的风险管理机制。首先，园所应进行风险评估与预防，包括制定园所规章制度，明确责任和权利，确保园所内部各项工作有序进行。其次，制定安全管理预案，如火灾、地震等应急情况的处理措施与应对流程，提高应对突发事件的能力。再次，注意合规和法律风险。园所需要遵守相关的法律法规，减少法律风险。最后，园所应该重视师资队伍素质提升，加强教师的专业知识与技能培养，提升教师对幼儿安全、健康、心理发展等方面的敏感性和应对能力。园所还应与家长建立良好的沟通，积极采纳家长建议，提升园所的服务质量。

第二节　幼儿园的创新服务

创新服务需要幼儿园立足现状，面向未来，创建特色内容，如托幼一体与幼小衔接服务、幼儿数字档案、教师发展的资源共享、家园共育的网络课堂等。创新服务助力幼儿园的长远发展。

一、具有园所特色的延伸服务

当前托育及幼小衔接是我国学前领域中极为关注的两个话题，这也与幼儿园的发展息息相关。幼儿园向托育领域的渗透不失为开拓生源、加强发展的一种努力，也能帮助幼儿更好地适应幼儿园的生活。

（一）托幼一体化服务

实现“幼有所育”事关千万家庭与幼儿健康成长的切身利益，我国政府非常重视 3 岁以下婴幼儿普惠托育服务体系建设。基于政策鼓励及当前生育率下降等现实的境况，全国各地逐渐实施“三孩”生育政策及其配套支持措施，积极开展托幼一体化服务。

1. 托幼一体化的必要性

托幼一体化是国际化发展大趋势，我国也正在积极推进。《国务院办公厅关于促进 3 岁以下婴幼儿照护服务发展的指导意见》就提出鼓励支持有条件的幼儿园开设托班，招收 2—3 岁的幼儿。从幼儿园的角度看，进行托幼一体化的延伸式服务，实施“幼儿园 + 托育”双模式，能有效扩展幼儿园的服务范围，提升幼儿园的场地利用率；从托育开始吸引生源，有利于转化为幼儿园生源，促进幼儿园的可持续发展。

2. 如何实现托幼一体化

托幼一体化既强调将 0—6 岁婴幼儿的保育与教育作为一个主体，又关注 0—3 岁与 3—6 岁两个不同年龄段婴幼儿教育的差异性，涉及管理制度一体化、师资队伍一体化和课程体系一体化等方面。在幼儿园内部管理中，为实现托幼一体化，园长应立足幼儿园的整体发展，探索托幼一体化的实践路径。

首先，注重园所管理制度的一体化。例如，园内工作安排、教职工福利待遇要做到公开透明，管理一致。由于 0—3 岁婴幼儿与 3—6 岁幼儿身心发展特点存在差异性，因此在婴幼儿饮食、环境创设等方面要有所区分，要制定细致的安全防护与卫生保健制度。

其次，注重复合型师资培养及选聘等工作，整合和提升师资力量。严格遵照托幼教师准入标准，审查幼儿教师资格证等资质，系统了解其专业成长背景及入职准备情况；在教师管理过程中，注重园所内托育教师与幼儿教师的互通合作，增强托幼衔接。为了更好地促进托幼一体化工作的实施，必须针对保育教育人员进行岗位培训。

最后，注重课程的一体化建设，从托幼服务的价值取向、目标等方面与教师共同确定适合婴幼儿的课程与指导框架，对如何实现目标，如何开展活动等内容进行不定期的检验，不断完善托幼一体化课程体系。根据皮亚杰的认知发展阶段理论，婴幼儿处于感知运动阶段和前运算阶段，0—3岁的婴幼儿课程设计要体现基础性、生活性及可操作性，注重其感知觉的发展，以视觉、听觉、触觉的感官类游戏和肢体运动统合类游戏为主要内容，并注重语言交流的训练，以及生活能力和习惯的培养。而3—6岁幼儿则应以前期发展状况为基础，制定符合幼儿身心发展的完整课程体系，并注重与0—3岁课程的衔接。

典型案例

案例 5–2　园所托幼一体化服务新模式

为更好地开展托幼一体化服务，我园专门开设了亲子早教活动室，吸收社区及周边1—3岁未入园且有入园愿望的适龄儿童定期来园参加亲子早教活动，帮助宝宝提前适应集体活动，减轻入园时的分离焦虑。有一次临时更换活动室，给我们带来了启发。

那是5月的一天，因为亲子早教活动室漏水，需要维修，我们临时把亲子早教活动改在一间未投入使用的托班教室里进行。托班环境创设有别于早教活动室，配有卡通桌椅，玩具投放比较多样，并且分区分类，还配有小床等生活设施，盥洗室和卫生间也更宽敞。新的环境给宝宝们带来的不是陌生，反而是好奇，他们坐在小椅子上，像托班的宝贝们一样听老师讲故事，在老师的带领下认识图书区、植物角、娃娃家、积木区、小床等。老师的介绍不仅吸引了小宝宝，也吸引了家长们。家长们也非常认真地观察托班教室。

这是一个很好的信号。我们把这个年龄段宝宝们剩余的几次活动都放在这个托班教室开展，逐步把小时活动延长为半日活动。宝宝们到达后，先在老师和家长的陪同下自由活动，然后依次开展集体活动，盥洗、如厕、喝水等。在户外游戏时，他们在幼儿园的哥哥姐姐旁边，看他们游戏。我们还为宝宝们准备了牛奶、水果等点心，临近中午还可以品尝幼儿园精心准备的营养午餐，吃得饱饱的再离园。

经过近一个月 8 次的体验活动，宝宝们更加熟悉幼儿园室内外环境，也形成了比较稳定的活动规律和规则意识。而家长们通过了解幼儿园一日生活的基本流程，知道宝宝们在幼儿园的生活作息，也更为安心。来到正式入园的日子，虽然也有个别宝宝哭闹挣扎，但焦虑时间明显变短，大部分宝宝能很快转移注意力，跟随老师一起游戏活动。

受此启发，我园把亲子早教活动室升级为“亲子体验室”，宝宝们入托前在托班教室中体验，其中一位老师就是未来的带班老师。根据 1—2 岁、2—3 岁阶段幼儿身心发展特点，我们还以视觉、听觉、触觉的感官类游戏和肢体运动游戏为主要内容，在师幼互动中强化语言交流，锻炼幼儿生活能力和习惯。通过这一实践，宝宝们在入托后适应良好，家长们因了解老师的真实工作而更容易理解和支持老师的工作。

幼儿园还定期开展哥哥姐姐们与弟弟妹妹们的大手拉小手活动，比如升旗、喂小动物等。托幼一体化的实施让我园的服务更加精细、全面。

（案例提供：辽宁省沈阳市沈河区教育局第二幼儿园　王晓辉）

专家解读

文中所提亲子体验活动是幼儿园的偶然发现，也是必然的选择。它是一种新型的家园亲子早教活动，是以帮助婴幼儿适应幼儿园生活、缓解分离焦虑为目标的体验式活动。婴幼儿在家人的陪伴下，通过在与托班相近的环境中游戏和生活，循序渐进地适应陌生环境和陌生伙伴。他们从最初的陌生变得更加熟悉、喜欢以至于产生信任，较顺利地实现了过渡。这样的尝试是有效和有价值的。

在婴儿阶段开展良好的家园互动是增进家、园、社协同育儿的有效举措，在实施的过程中，必须遵循婴幼儿年龄特点，开展适宜的游戏活动和育儿指导，这就对亲子体验活动提出了更高的要求，对托班服务过程中的托、育也提出了更高的要求。幼儿园必须以科学和专业的知识和操作为基础，真正提供优质的托幼一体化服务。

（辽宁省沈阳市教育研究院学前教育教研员　朱璟）

专家解读

这个案例特别有意思。由于环境原因，亲子早教活动室无意中“行走”到了托班的空间，由此引发了很多变化。变化一是空间的改变，让孩子提前适应托班的有趣环境；变化二，亲子早教活动室更名为“亲子体验室”，呈现了从教师的主导转向家长与幼儿的共同体验；变化三，这样的链接在托班和其他年龄段延展，形成了一种新的“社群关系”。

这个案例中没有冲突，有的是无心插柳的收获，从中我们可以感受到教育的大观念，不仅是环境的整合，更是幼儿发展的纵向链接。案例启发了我们更多对幼儿第一次入园的思考。首先，确认“关系”这件事。每一个孩子都是人生中第一次进入“社群”，幼儿园让孩子第一次感受到与家庭完全不同的“关系”，如幼儿与教师、幼儿与集体等。幼儿要在这样的关系中学习生存与生活，学会学习与成长。其次，支持在关系中学习。这个案例的几个改变内隐了园所对关系的理解，会更好地帮助幼儿自然融入幼儿园的生活。

与其说这个案例是对托幼一体化的呈现，不如说是对幼儿在关系中经历学习和成长的认识。

让每一个孩子在“关系”中经历学习和成长。

（上海市静安区安庆幼儿园园长　温剑青）

（二）幼小双向衔接

幼小衔接是一个系统工程，需要幼儿园、小学、家庭三方协作，达到观念一致、职能互补、行动配合，才能帮助幼儿实现从幼儿园到小学的顺利过渡。

教育部最新颁布的《幼儿园入学准备教育指导要点》明确指出，入学准备主要有以下四大方面：一是身心准备，如向往入学，有良好的情绪，喜欢运动等；二是生活准备，如养成良好的生活习惯，生活自理，参与劳动，增强安全防护能力等；三是社会准备，如能够交往合作，诚实守规，有任务意识等；四是学习准备，如好奇好问，养成良好的学习习惯，学习兴趣浓厚，有一定的学习能力等。

幼儿园应重视衔接工作，并将此项工作作为幼儿园的常规工作，列入每学期的工作计划。幼儿园应建立长效管理机制，坚持儿童立场，明确科学有效衔接目标，研究成长性的入学准备及入学适应课程等；加强园所师资管理，积极与小学建立互动平台，促进教师间的相互交流，及时探讨在具体操作上遇到的困惑和问题。为实现幼小顺利衔接，幼儿园要整合多方资源，如协同幼儿教师采用调查问卷、个别访谈、线上家长会等方式，面向家长广泛宣传《幼儿园入学准备教育指导要点》《小学入学适应教育指导要点》，帮助家长了解幼小衔接的目标及实施方法。幼儿园以幼小衔接教师座谈会、幼儿走进小学、家长进校园等活动为推手，拉近幼儿园、教师、家庭的距离，减缓幼小衔接的坡度。

法条链接

《教育部关于大力推进幼儿园与小学科学衔接的指导意见》中指出，科学衔接的重点任务是：（一）改变衔接意识薄弱，小学和幼儿园教育分离的状况，建立幼小协同合作机制，为儿童搭建从幼儿园到小学过渡的阶梯，推动双向衔接；（二）改变过度重视知识准备，超标教学、超前学习的状况，规范学校和校外培训机构的教育教学行为，合理做好入学准备和入学适应，做好科学衔接；（三）改变衔接机制不健全的状况，建立行政推动、教科研支持、教育机构和家长共同参与的机制，整合多方资源，实现有效衔接。

二、具有时代气息的智慧化管理

幼儿园也应积极探索如何将数字化落实在幼儿、教师及家园的管理之中。

（一）幼儿成长档案数字化

幼儿成长档案旨在描述幼儿成长与发展的过程，动态评估幼儿的发展水平，支持幼儿的学习，可以包含幼儿的身体、动作、认知、言语、情感及社会能力等多个发展领域，收集的内容主要包括幼儿的作品、文字记录、影像资料、各种测验和调查结果等。在创建幼儿成长档案时需要一定的计划性，注重幼儿及家长的参与，同时要有教师的讲述与反思。然而这样的档案大多是以档案袋、文件夹等形式保存，较难动态化地呈现幼儿的成长变化，不利教师及家长分析幼儿的发展。

数字化的幼儿成长档案旨在打造全面的数据化档案管理系统。幼儿园教师可以在线为每个幼儿建立电子档案，包括其学籍、个人档案、电子作品、学习活动记录、学习评价信息等，对幼儿的成长记录进行数字化分析，关注幼儿不同时期在不同方面的发展变化，从中寻找幼儿成长的规律特点，同时还可以请家长记录幼儿在家的状况，实现家园教育的一致性及连续性。在利用互联网技术建立幼儿数字成长档案时，同时应注意对相关内容进行细致阐述，清晰呈现每一阶段的变化。

（二）教师成长资源共享

信息化时代为幼儿教师专业发展提供了更多便利。信息化能力也是当今社会对幼儿教师专业化发展的要求之一。幼儿园应该认识到，教师掌握先进的教育技术手段，有助于把先进的教育理念和教学内容贯彻到教育保育过程之中，促进幼儿的发展。

幼儿园可以利用互联网建立数字化资源库，不仅按照幼儿活动内容分块建包，还可以按照小中大不同年龄班的发展层次分块，或按照教师和幼儿使用需求分类建设子文件包。合理分类存储幼儿园优质资源，实现开放性课程资源的体系化和序列化，能为教师自主查询、借鉴、学习、使用提供平台支撑，便于教师对课程进行研究、发展和丰富。幼儿园还可以将园本课程中精品活动视频、优秀教师示范活动视频、一日活动每一环节规范指导视频、专家讲座视频等合理分类存储，便于教师及时搜索到所需资源，满足教师个性化、泛在化的自主学习需求。

（三）家园共育网络化

现代化信息技术拓宽了家园交流的平台，推动着家园共育模式创新。积极借助数字化手段，让家长更便捷、最大化地参与到幼儿园活动中，是家园共育的有效路径，能够提升家园合作效率。如幼儿园可以通过问卷、座谈会等方式了解家长需要什么，然后有针对性地组织观摩、讲座等，与家长实现云互动。为了帮助家长学习正确的育儿方法，幼儿园可以开设家庭教育微课堂，开展相关知识讲座。家长可以借助各个平台与教师讨论、交流，分享有关幼儿生活、学习的精彩花絮。

互联网支持下的家园共育不仅能提高教师、家长的教育水平，更能拉近幼儿园和家长之间的距离，有利于形成良好的家园关系，促进幼儿的发展。

典型案例

案例 5–3　　家园互动助推器[①]

旬阳一幼于 2017 年 9 月，引进了一个先进的教育管理软件。该软件从幼儿园的需求出发，提供园长与教师的移动办公解决方案，包括班级沟通、教学教务计划到家园互动，使幼儿园进入移动互联网管理时代。

垚垚小朋友是旬阳一幼的一名留守儿童，平时由爷爷奶奶照顾。今天是幼儿园结算伙食费的时间，垚垚爷爷着急找到幼儿园伙管人员询问缴费情况。伙管员周老师笑着说："老人家，为了给你们减轻负担，我们现在开通支付宝线上缴费，你的儿子在外地已经用手机交过了，你看看，本月应预交 190 元，

① 案例来源于基础教育信息化应用典型案例示范网站 .

上月结余20元，实际缴费170元，以后你就不用操心孙子伙食费了。”爷爷笑着说：“谢谢老师，这下可省事了，我就不用每月排队了。”垚垚爸妈常年在外，很想多了解一些孩子在园的情况，自从安装了该软件后，他们每天工作之余，都会查看今天孩子在园的动态。在这里可以看到幼儿园的通知、园所动态、食谱，还可以看到班级孩子的活动照片、视频、直播课堂以及老师布置的亲子任务，更重要的是家长可以参与互动评价。此外，他们还可以通过云平台幼教资源库和专家面对面，学习更多的家庭教育方法，提升育儿水平。垚垚爸妈非常满意。

案例分析

该幼儿园利用云平台为家长提供便利，家长即使不在孩子身边，也可以随时看到孩子的日常状态，极大地提升了家长的参与度和育儿水平。此外，教师也能够利用信息化的技术提升自身的专业素养，不断探索教育信息化技术与幼儿课程深度融合的途径和方法，优化幼儿教育过程，为幼儿的发展提供条件。

第六章

幼儿园公共关系管理

幼儿园的公共关系管理重要吗？[①]

某幼儿园召开园务会，一位家长提出了他对于幼儿园管理的一点看法。他说："现代社会是一个开放的社会，公共关系对于任何一个组织都是很重要的，我觉得咱们园在这方面的工作做得还不够，应成立一个专门负责公共关系的机构，为幼儿园的发展创造良好环境。"这位家长的讲话立即引起了强烈的反响，有家长持反对意见，认为幼儿园工作的中心应该是保教工作，公共关系并不是很重要。

杨园长谈了自己的看法。她说："幼儿园工作以保教工作为中心，这一点毫无疑问。但公共关系对于幼儿园的发展也是非常重要的，特别是要处理好与幼儿家长和所在社区的关系。因此，我们必须重视公共关系在幼儿园工作中的地位，加强公共关系工作。至于以何种方式加强公共关系工作，是否有必要成立一个专门的机构，这需要我们认真研究后再做决定。"会后，在杨园长的带领下，该幼儿园的公共关系工作得到了加强。

什么是幼儿园的公共关系呢？为什么说公共关系对于幼儿园的发展非常重要呢？幼儿园又该如何管理公共关系？

幼儿园公共关系是幼儿园为实现教育及管理目标，有组织、有计划地运用各种传播手段与内外沟通联系，在幼儿园与各类公众之间建立和发展相互了解、信任与支持合作的关系，以提高幼儿园管理质量，塑造幼儿园良好形

---

① 案例来自胡海建、李晖主编《应用学前教育管理学》，华中科学技术出版社 2017 年出版．有改动．

象，创造最佳教育环境。幼儿园的各类公众主要包括教职工、家长、政府、媒体、专家、社区、其他园所等。

本章按照公共关系的首要公众、次要公众和边缘公众的分类，对幼儿园各类公众进行介绍，主要介绍了各类公众在幼儿园公共关系管理中的角色和地位，并讨论了幼儿园对各类公共关系管理的内容与策略。

第一节　幼儿园的首要公众

根据各类公众对幼儿园的重要性，可以将公众划分为首要公众、次要公众和边缘公众。其中，首要公众是关系到幼儿园生死存亡、决定幼儿园成败的公众，他们对幼儿园的生存发展具有重要的影响力和决定性作用，同时还会影响其他公众。[①] 幼儿园的首要公众主要包括教职工群体和家长群体，二者与幼儿园的联系最为紧密，是幼儿园正常运行和发展的主要动力，也是幼儿园公共关系管理的主要对象。

一、教职工

教职工是幼儿园的主体，高素质的教职工队伍能够为幼儿健康成长护航，促进幼儿园持续健康发展。幼儿园应做好教职工公共关系工作，与教职工群体维持良好关系，以增强园所凝聚力，提高教职工工作积极性，共同努力提高幼儿园整体质量。

① 王光娟，赵悦. 公共关系学［M］. 3 版. 上海：上海财经大学出版社，2020：78.

（一）教职工是首要公众里的“边缘群体”

幼儿园的教职工公共关系是指幼儿园与其内部教职工之间的关系。

教职工是幼儿园的首要公众，代表着幼儿园的形象，他们的工作情况对幼儿园起到关键作用。因此，教职工是幼儿园生存与发展所依赖的重要对象，其重要性不可忽视。从与幼儿园的归属关系看，教职工公众是幼儿园内部公共关系的客体，但对幼儿园的外部公众来讲，它又是公共关系的主体。例如幼儿园对内要维护好与教师的关系，但是对于家长等外部公众，教师又要作为主体维护好与家长的关系。

在现实情况中，很多幼儿园更加重视与家长之间的关系。事实上，良好的教职工关系可以增强幼儿园内部的凝聚力和向心力，幼儿园的外部公共关系是建立在其内部良好教职工关系基础之上的。因此，管理好幼儿园教职工公共关系是开展幼儿园公共关系管理工作的首要任务。

（二）教职工关系的“内”与“外”

幼儿园在管理教职工关系时，要明确良好关系是相互的，具体体现在幼儿园与教职工要表达彼此的愿望与需求，在过程中保持顺畅良好的沟通，最终也要满足双方共同的利益。因此，幼儿园进行教职工公共关系管理工作时，“内”要关注教师心理状态，提高其工作能力，“外”要保证双方的沟通渠道，创设良好的园所环境。

1. 关心教职工心理状态

美国著名公共关系学家斯科特·卡特利普说过，雇员作为公共关系职能的一个组成部分，决定着企业的成功或失败。教职工是园所生存和发展的主要力量，其心理状态影响着工作质量和效率。因此幼儿园需要时刻了解教职工的心理状态，包括是否存在负面情绪或心理问题，是否对园所产生归属感和认同感，是否形成凝聚力和向心力等方面。

如教职工因工作或生活而引发的担忧、恐惧和焦虑等情绪可能会导致其工作失误。尤其是一线幼儿教师，若其上班期间疏于看管幼儿，不能发现幼儿的危险行为，可能导致幼儿的健康安全受到威胁。若是一个幼儿园不能受到内部教职工的喜欢和认可，那么也不会受到幼儿和家长的喜欢和认可。反之，若是教职工个个都认可、喜欢幼儿园，那么这种态度也会体现在工作中，从而带动家长认可幼儿园的工作。

教职工群体的凝聚力即相互吸引力，包括上下级之间的信任度、亲和度，同级之间关系的融洽度、亲密度等。在幼儿园中，如果园长与教师之间关系融洽，教师与教师之间意见统一，职工与教师之间相互合作，那么幼儿园就有较高的凝聚力。

2. 提高教职工工作能力

幼儿园教职工的工作能力越高，幼儿园的整体质量也就越高。幼儿园需要为教职工提供培训机会，提高其工作能力。

从不同的工作岗位看，幼儿教师需要提高其活动组织能力、观察能力、教研能力、与家长的沟通能力等；保育员、保健人员、炊事员等职工需要相应地学习岗位知识技能等；管理层人员需要提高组织和协调能力、沟通能力等。

从培训的种类看，幼儿园需要对教职工进行入职培训，以帮助教职工快速适应工作状态，还可以针对教职工的不足之处进行有针对性的专项培训，如家园沟通培训、教研培训等。幼儿园还应帮助拟晋升人员或后备人才经过培训达到更高一级岗位要求。

另外，幼儿园还应该注重激发教职工的创造力，为园所发展提供动力，如教师不断研究幼儿喜爱且有利于幼儿发展的玩教具，炊事员开发幼儿喜爱的营养健康菜品等。

法条链接

《幼儿园工作规程》中第三十九条规定，幼儿园教职工应当贯彻国家教育方针，具有良好品德，热爱教育事业，尊重和爱护幼儿，具有专业知识和技能以及相应的文化和专业素养，为人师表，忠于职责，身心健康。

3. 保证沟通渠道

幼儿园需要建立体制化、系统化的沟通渠道。部分幼儿园的内部信息无法自由流通，比如管理层不主动了解教师的相关信息，教师也不主动将信息反馈给管理层，造成幼儿园沟通不畅。

一方面，应保证幼儿园向教职工传达信息渠道的顺畅。幼儿园要尊重教职工了解园所信息的权利，以保证教职工对园所的充分了解，而不是只下达命令给教职工或只等待教职工的反馈。园所可以每天公布相关信息，便于教职工在最短的时间内获取幼儿园最全、最新的动态消息。

另一方面，要保证教职工向园所传达信息渠道的顺畅。幼儿园需要帮助教职工树立与园所沟通的意识，也要在听到教职工的意见、想法后有所思考和行动，解决实际存在的问题。

4. 创设园所环境

幼儿园需要为教职工提供良好的园所环境，让教职工对园所有归属感，如为教职工提供良好的工作环境，营造和谐融洽的工作氛围，注重人文关怀，进行人性化管理，这样教职工在轻松的气氛中更能积极工作。

典型案例

案例 6–1　真相与信任——一个电话引发的后果

晚上 9 点 10 分，园长接到上级领导电话："园长，刚刚路过幼儿园，看到园内灯火通明，要加强节约用电管理！""谢谢提醒，马上整改。"

随后园长拨通安全主任电话："请即刻调查保教楼灯光使用问题并进行整改。"

事实到底是什么？灯火通明，是保安疏忽还是教师加班？原来是一位新教师因担心下班回家后赶不上线上家长会，故留园等待参会，会议结束时天色已晚，于是留园加班，等着家人来接。其间，她使用了办公室及班级活动室的灯，经保安提醒后已关闭并在门卫室等待。园长得知后立即与该教师进行了联系，表达了对新教师的肯定和关心。新教师如释重负。

弄清事实真相，不盲目判断，是解决矛盾冲突的关键策略。真理和信任之间有着密切的关系。用“信任的光”点亮真相，才能更好地支持教师，成就尊重、欣赏、宽容、合作的良好园风。

（案例提供：四川成都双流区黄水幼儿园　代成丽）

案例分析

在本案例中，出于对真相的寻求和对教师的信任，园长在收到上级领导的提醒后并没有直接进行简单粗暴的整改，而是弄清事实真相，人性化处理事件。

一般来说，在接到上级提醒后，人们往往会担心自身出错而产生紧张焦虑的情绪，这可能会使人们忽视事件的真实性和深层次的原因。但是不经调查就盲目整改可能会引发更大的矛盾和冲突。

本案例中的园长首先联系相关负责人进行调查，然后联系当晚值班保安了解情况，并让其提醒新教师节约用电，最后园长对新教师表达了肯定和关心之情，缓解了新教师的心理压力。园长在处理事件的过程中能够第一时间联系相关负责人和当晚在场的值班人员了解情况，并且能将问题传达给新教师及时整改，在了解情况后还安抚了新教师的情绪，可以发现，园长在处理事件过程中一直坚持查清真相，并始终抱有对教师的信任。给予教师足够信任，才能更好地成就教师、支持教师。

5. 与教职工建立共同的职业目标

幼儿园若想与教职工建立共同的职业目标，就要先使教职工了解园所的发展目标，参与园所目标的制定，然后将其与教职工的个人职业愿景和职业规划相结合。

首先，幼儿园应通过各种方式使教职工了解园所的发展目标，让教职工了解自己的工作任务和内容，如在入职培训上宣传园所教育理念，为教职工分发园所的宣传资料，在园所例会上介绍阶段性的园所目标，在总结会议上报告园所目标的完成情况，在园所张贴相关标语等。通过这样的形式广泛地、阶段性地宣传园所的发展目标。

其次，幼儿园应邀请教职工共同参与目标的制定。共同制定目标可以使教职工将园所与自身的目标相结合，将两者共同的职业目标作为自身的工作追求，与幼儿园同心协力，共同发展。

6. 建立健全幼儿园民主化建议制度

幼儿园需要增强教职工的参与感，保证教职工与上级沟通交流、反馈意见的渠道，即建立健全幼儿园民主化建议制度，保证幼儿园与教职工的双向沟通。

从内容上来说，主要是使教职工了解园所的理念、目标和计划；告知教职工园所的各项活动、问题和取得的成就，或者他们认为重要的任何事项；鼓励教职工根据他们的经验、看法、感觉和创意，给管理层提供信息和反馈；在负面的、敏感的和有争议的问题上对教职工开诚布公；鼓励管理层和下级经常进行诚恳的、与工作相关的双向交流；尽快地向所有教职工传递各种重大事件和决策，特别是要在教职工从媒体获得信息之前，必须被首先告知这类信息；建立一种鼓励创新和创意的文化；敦促每一位管理者和上下级讨论其工作进展。①

从形式上来说，可以借助各种类型的会议，如每周例会、总结报告会、座谈会、表彰会等，可以利用纸质媒介，如宣传手册、教职工工作指南等，可以通过环境创设、调查、内部网络媒介等。

7. 创设温馨舒适的园所文化环境

幼儿园需要为教职工创设温馨融洽的文化环境。对于园所来说，良好的文化环境可以吸引并留住人才，提高教职工归属感和认同感；对于教职工来说，良好的文化环境可以唤醒工作热情，提高工作效率。一般来说，文化环境包括自然环境、经济环境和社会环境。

为教职工提供良好的自然环境可以借助绿化配置，如在户外种植草地，再用一些花、树加以点缀，通过提高绿植比例和艺术设计来创设良好的自然环境，在室内布置一些花卉或绿叶植物。

幼儿园的经济环境主要体现在幼儿园的硬件设施上，如室外的设施设备、室内的桌椅板凳、教学用具等。幼儿园应尽量提供种类齐全、功能齐全的设

① 杨华玲，潘丽君，高英．公共关系学［M］.2 版．北京：北京理工大学出版社，2019：188-192.

施设备，即使园所资金有限，也要保证设施设备的干净整洁、安全无害。

幼儿园的社会环境主要体现在园所的各项制度、人际关系等方面。园所可以组织一些活动以联络教职工之间的感情，如联欢会、集体旅游、运动会等，教职工们既可以在工作之余放松心情，又能在集体活动中增加良好互动。此外，幼儿园应强化人性化管理，如落实教职工的各项福利待遇，保障其基本生活；经常关心教职工的生活问题，及时为他们排忧解难；在生日或节假日送上贴心的礼物等。

8. 妥善维护教职工与家长的关系

由于幼儿园家园共育的特殊性，教职工尤其是教师会经常与家长接触，不可避免地会产生“亲师”矛盾。教职工与家长都是与幼儿园密切相关的首要公众，因此幼儿园应该注重维护教职工与家长之间的关系。在处理教职工与家长的关系时，应该注意以下四个方面。一是积极沟通。幼儿园应要求教职工坚持积极沟通的原则，进行正常的家园共育活动。二是解释原因，避免误解。在出现“亲师”矛盾时，幼儿园应协助教职工与家长沟通，将教职工的言行解释清楚，避免双方因误会而激化矛盾。三是承认错误，追究责任。如果教职工的言行不当，那么幼儿园应向家长承认错误，并追究相关人员的责任。但若是家长为过错方，幼儿园也应该维护教职工的利益，不能一味地站在家长的角度，让教职工受到不公平对待。四是查明源头，反思改正。在“亲师”矛盾发生后，幼儿园应弄清矛盾发生的深层原因，并与教职工一起讨论，反思并改正自身的不当之处。

法条链接

《幼儿园工作规程》第四十条规定，园长的主要职责包括关心教职工的身心健康，维护他们的合法权益，改善他们的工作条件。

家园矛盾是指幼儿园和家长关系处于因一方或双方需求无法满足而导致的矛盾冲突状态。当发生家园矛盾时，幼儿园往往需要主动发挥调节作用，积极并且有效地解决问题。

人际关系冲突理论描述了五种矛盾终止方式，分别是分离、控制、妥协、协调一致和结构改善，这些策略有助于幼儿园化解家园矛盾。

（1）分离

为防止冲突激化或再次发生，幼儿园可暂时分离矛盾双方。当发生“亲师”矛盾时，幼儿园可将家长和教师暂时分离，避免双方矛盾进一步激化，关系进一步恶化。但是这并不是解决问题的根本方法，矛盾依然存在，因此经过冷静思考和及时沟通后，园所应协调双方积极解决矛盾。

（2）控制

控制是指家长和幼儿园的矛盾持续一段时间后，虽然经过协商，但效果不理想，不能使双方得到一定程度的满足。可能一方会坚持自己的态度，不肯妥协，而另一方会放弃自己的立场。在这种情况下，看似家园矛盾解决了，但仍是“治标不治本”，存在着矛盾重新爆发的风险，甚至在未来引发更多的家园矛盾。

（3）妥协

妥协指处于矛盾的家园双方都降低自己的期望，最大限度地接纳对方的要求。和控制的方法相比，妥协使家园双方既能够得到一定的满足，又不会完全得到满足。如某次家园矛盾发生后，家长要求幼儿园辞退涉事教师，而教师希望继续留在本班工作。为了让双方都能得到一定程度的满意，经过调解，幼儿园可将涉事教师调离本班，重新更换工作岗位。

（4）协调一致

协调一致是指在解决矛盾时，家长和幼儿园都尽量满足对方最初的要求和目标，每个人都不需要做任何的妥协。但这种方式相对较难实现，比如幼儿园在一个问题上及时地道歉并做出承诺，家长在接受道歉和赔偿后持理解和宽容的态度。

（5）结构改善

相对于其他方式，结构改善是最理想的解决家园矛盾的方式。结构改善是指在家园双方协调矛盾的过程中，影响双方状态的原因和条件发生了改变。如家长和幼儿园经过激烈冲突，会对对方的观念、态度甚至是行为等方面更为了解，比从前更信任彼此。在这个过程中，双方都希望以一种更加积极的方式来解决目前乃至未来可能面临的问题。随着矛盾双方交往态度的变化，他们能够非常坦诚地交流，交换彼此的想法和观点，也更加尊重对方的价值，理解双方的差异。①

教职工尤其是教师有时会代替幼儿园充当公共关系的主体。因此幼儿园应充分发挥教师在幼儿园和家长之间的中介作用。

首先，幼儿教师作为专业人士，在教育方面会有更多科学的方法和独到的见解，在与家长的日常交流中，教师的专业知识越丰富，专业技能越娴熟，获得家长认可与信赖的可能性越高，因此高水平的教师队伍可以帮助幼儿园获得家长的认可和支持。

其次，教师与幼儿、家长的交往越频繁、越和谐，他们之间建立的情感联结越深刻，教师也就越有影响力，越容易化解矛盾。另外，教师自身成为吸引幼儿和家长的“活招牌”，有利于幼儿园稳定生源，甚至吸引新的生源。

最后，从幼儿园管理层的角度出发，教师代表幼儿园与家长沟通，并将重要信息收集整理后反馈给管理层，这样大大节约了管理层的时间成本和精力成本，提高了幼儿园的管理效率。

法条链接

《中华人民共和国家庭教育促进法》第四章从社会协同的角度，明确规定了幼儿园应当将家庭教育指导服务纳入工作计划，作为教师业务培训的内容。

典型案例

案例 6-2　　沟通心连心　春风化细雨

又是一年开学日，热热闹闹的开学典礼过后，教师们都忙开了，小班的张老师却告诉我 9 月 10 日需要飞美国，进行为期两周的考察，签证已经办理完成，机票也已经买好，请领导批准。我听到后觉得无比棘手。一方面刚开学，教学工作不能耽误；另一方面，教师突然请假，工作不好安排。

① 秦旭芳，丁起名．家园矛盾的形成及其调节方式［J］．福建教育，2018（51）：22-25.

于是答复张老师：因新学期开学，又是突然请假，因此园部需要讨论后给予答复。

我迅速召开中层管理会议，就张老师的请假事宜展开讨论。大家一致认为，正逢新学期开始，又事出突然，不应批准假期。因此我在会议过后，又经过深思熟虑，给了张老师答复：假期不予批准。

此时张老师已经飞往美国。我紧急与教育主管部门相关领导联系，汇报情况，商讨针对此种情况的处理方式。很快，上级主管部门给予答复：发送邮件给该老师，告知其请假未经同意、擅自离岗等，目的在于告知张老师事情的严重性。但我考虑到张老师人在美国，具体后续如何处理，我等她回国后再说。

张老师如期返岗，询问我处理结果。因为当时我园正处于示范园验收期间，为了让每位老师安心工作，我回复她：履行职责，处理结果等验收后再说。

我认为温和、安抚的处理方式，却让张老师在后期的工作中消极怠工，并在工作中多次与中层领导产生冲突，在 11 月甚至递交了辞职报告，并去劳动部门进行仲裁，理由是幼儿园对于加班工资未足额发放。

从 9 月张老师请假开始，到 11 月递交辞职报告，短短 3 个月，张老师从积极热情到消极怠工，变化之大令我深刻反思，是否有我不知道的内情？

我开始展开一系列调查。询问了前任领导，才了解张老师办理美国签证时，已经拿到幼儿园敲章的书面申请同意书，她出于尊重才再次询问我的意见，而我当时才调任此幼儿园担任园长，并不了解之前的相关情况；再询问了与张老师交好的老师，原来张老师去美国是因为妈妈患肠癌，她心急如焚，原本 8 月暑假出去，但时间来不及，因此改为 9 月出发。

了解了相关情况以后，我找张老师进行了多次深入恳切的谈话，张老师慢慢卸下心防，将实情告知：她并不想离开幼儿园，离开熟悉的环境，但因为处理结果一直悬而未解，担心被开除，给她造成了巨大的心理压力，因此无心工作。而我也将了解到的情况一一与她沟通，并为之前未进行深入了解而表示歉意，考虑到她的家庭因素，将处理结果告知她：一是扣发请假期间的工资、绩效；二是学期师德评价为合格，不能评优秀；三是在中层管理会议上公开道歉。

张老师对处理结果表示理解，但对于道歉内心有抵触。我告诉她中层管理者在她请假离岗期间，轮流去顶岗，为班级工作的顺畅进行付出了很多努力。张老师随后接受了道歉这一方式，对中层管理的帮助也予以感谢。事件至此落幕，张老师恢复了她的工作热情，示范园验收工作也圆满通过。

（案例提供：上海市浦东新区六一幼儿园　宋萍）

专家解读

看了这个案例，感觉很温暖。园长在整个事件处理当中很有原则性，也很有人情味。新学期刚开学，带班老师突然提出出国请求，未经明确同意就擅自出国，回国后因担心被开除而消极怠工，甚至提出辞职，还闹出劳动仲裁的紧张局面，园长从温和安抚，到深入了解、真诚沟通，最终双方坦诚相待，获得较好的结果。导致双方起初沟通不畅的主要原因在于园长与教师的立场不同，在沟通中出现了信息不全或信息不对称，并造成了连续的误解。

这是一位善于反思又善于沟通的园长。在本案例中，她的系列处理方法体现了丰富的人员管理经验，主要表现在三个方面。一是认真对待教师的请假请求，先是及时回信息，告知不是园长个人决定，而需要园部会议决策，然后迅速召开园部会议，并慎重反馈会议结论。二是及时向管理部门反映情况，但对教师温和处理，在教师存在违规的情况下没有包庇而是主动报告，又考虑教师要安心工作，并未做出直接处理。三是在教师做出较为极端的反常表现时，园长全面了解张老师以往的工作情况，反省交流沟通中的问题，与其深入沟通，既坚持了原则，对张老师做了必要的处罚，又照顾张老师想继续在园工作的本意，在处理中较大程度保障了教师的权益，使教师重新焕发了工作热情。

这个案例带来的启示有两点。一是沟通能力是园长管理能力的重要表现，园长在人员管理工作中，需要掌握人性化、科学性的沟通方法，有效助力师资队伍建设。二是园长管理既要坚持原则，又要刚柔并济，对违规行为严肃对待，确保规章制度的严肃性与效力，在处理中也柔性照顾实际情况，实现管理效益的最优化。

（湖北第二师范学院　伍香平）

二、家长

家长作为幼儿的监护人，既是幼儿园的服务对象，又是幼儿园的合作者。与家长维持良好的关系有利于促进幼儿健康发展，也有助于园所顺利开展工作。家长是幼儿园的首要公众，幼儿园应做好家长公共关系工作。

（一）家长都是“箴言者”

对于幼儿园来说，家长是最直接、最敏感、最有影响力的外部公众，也是最重要的首要公众。家长能够最直接感受到幼儿园提供的教育服务质量，也最了解自身需要的教育服务，因此要重视家长的意见和建议，适当听取家长的意见。做好家长公共关系工作，需要幼儿园在提供良好教育服务的基础上，双方进行有效沟通，增加对彼此的理解。

有时，与家长直接接触的教职工会代替幼儿园充当公共关系的主体，与家长沟通交流，因此幼儿园也要注意维护教职工与家长的关系。

（二）家长公共关系管理内容

幼儿园在管理家长关系时要明确，教育的场所不只是幼儿园，家庭也是重要的教育场所之一。幼儿园要注重家庭教育与幼儿园教育的统一性，幼儿园与家长合作能发挥教育的最大价值。幼儿园的家长公共关系管理主要包括以下几方面内容。

1. 宣传园所情况

幼儿园应向家长介绍和宣传幼儿园基本情况，使其深入了解幼儿园。如介绍幼儿园的教育理念、教育目标、园所特色等内容有利于获得家长信任，介绍日常保教活动及其教育意义，有利于家长配合园所的各项工作。幼儿园在遇到问题或困难时，也可以咨询家长，寻求家长的帮助和支持。

除了园所情况，幼儿园还应宣传科学的教育理念和国家的教育方针，引导家长树立正确的教育观念。

2. 争取家长支持

家长对幼儿园的支持主要分为物质资源的支持和情感的支持。

物质资源的支持主要是指家长对幼儿园保教活动的配合，最常见的就是家长为幼儿园的保教活动提供教育资源，如专家学者身份的家长来园所做相关主题的报告，家长提供活动场地供幼儿园进行园外探索活动，家长为幼儿提供职业生活体验场所等。

情感支持主要是指家长对幼儿园的尊重、理解、信任和谅解等。要想争取家长的情感支持，幼儿园需要与家长多沟通、勤交流。

另外，一些家长组成的团体组织也会给幼儿园提供支持和帮助，如家长委员会会参与幼儿园管理的相关事宜，家长志愿者团队会提供人力、物力、财力的帮助等。

3. 形成教育合力

在现实生活中，部分幼儿在家庭和幼儿园受到的教育是割裂的、不一致的，导致幼儿很难将已有的经验融合并学以致用。有时，家园教育观念甚至是相悖的，这容易使幼儿“无所适从”，无法分辨什么是正确的做法。因此，幼儿园需要与家长沟通，确保教育目标、教育理念和教育行动的一致性，家园同步更有利于幼儿的身心健康发展。

比如在小班时期，家园合作的重点放在入园适应方面；在大班时期，家园合作的重点放在幼小衔接方面等。家园双方要进行有效沟通，在理念和行动上保持一致。

4. 提供额外服务

幼儿园除了提供优质的保育与教育，也可以根据家长的需求来提供其他服务，如针对有育儿知识需求的家长组织咨询讲座活动，针对上下班时间不便的家长提供延时服务，在节假日适当调整接送幼儿的时间，为缺乏经验的家长提供指导服务等。

（三）达成共识：倾听与沟通的力量

幼儿园与家长的角色不同、分工不同，家园矛盾不可避免。幼儿园若想维护好与家长的公共关系，需要认真倾听家长的需求和意见，争取达成一致。

经常性地征集家长的意见与反馈是了解家长需求的有效途径。幼儿园可以通过一些组织或活动来征集，如委托家长委员会定期征集家长们的意见和反馈，并与幼儿园的管理层一起开会讨论。幼儿园也可以通过家长会来了解家长的真实想法和问题。具体可以通过以下几种途径来增加增进彼此的了解。

幼儿入园、离园的面谈和约谈。这是幼儿园与家长之间交流信息最简便、最经常、最及时的一种途径，时间短、内容少，通常家长和教师会在几分钟内简单交流当天所发生的事情。

手机通信，如打电话、发信息等。当沟通所需时间较长，面谈形式无法满足时，双方可通过打电话沟通。

幼儿园定期举办家长开放日活动，请家长来园参观，具体了解幼儿的一日生活，也可以利用这个机会观察教师的工作能力。

家长组织，如家长委员会等。家长委员会可以调动家长的积极性，使他们参与幼儿园的教育和管理工作，其作为幼儿园和家长的桥梁，能及时反馈家长的意见和建议，也能协调幼儿园与家长之间的关系。

网络社交媒体。作为比较普遍的家园沟通途径，幼儿园与家长会将大部分消息通过网络沟通，如每日的生病请假情况、接送情况等。

网络平台，如幼儿园网站、微信公众号等。幼儿园会在网站或公众号上发布幼儿园每日食谱、推荐阅读的绘本或近期举办的活动，家长们关注公众号即可了解幼儿园最新消息。

家长沙龙。家长沙龙是家园深入沟通的形式之一，幼儿园会邀请教师和家长代表或全体，对幼儿的发展情况和教育中存在的问题进行研讨，大家提出问题、分析问题并解决问题。有时也会邀请专家参与家长沙龙，提出专业指导。

家庭观察与指导。幼儿园可以深入了解幼儿的生活环境和亲子互动行为，并根据生活中的实际情况和具体问题进行指导，帮助家长提高家庭教育的能力。

典型案例

案例 6-3　暑假装修[①]

某民办园办园时间长，以规范的管理和良好的公众形象赢得了家长的喜爱，总是生源充足。考虑到目前园所的装修太陈旧，幼儿园决定利用暑假对园所重新装修，更换桌椅、床，并在户外添置各种运动器械。

幼儿园很重视装修中的环保安全问题，邀请家长委员会成员参加筹备工作会议，耐心解释装修的必要性，并让家长监督装修材料的使用和施工过程。幼儿园购买的装修材料、家具及运动器械都有环保安全证书，由正规厂家生产。在装修过程中，幼儿园督促施工方按计划落实进度，以便留出较长的通风散气时间，并邀请专业机构做了除甲醛的科技处理。

8 月底，幼儿园邀请环保部门进行室内环境检测，结论为合格，但是考虑到幼儿年龄特点，在征求家长委员会和部分家长的意见后，向教育局申请延迟一个月开学，并通过电视、网络等媒体进行公告。公告中出具了环保部门检测证书和装修材料环保证书，并附上教育局同意延长开学时间的通知、家长委员会签名以及装修前后的图片。此外，幼儿园安排教师逐一和老生家长取得联系，做好沟通解释工作，行政人员负责接待来访的老生家长和已报名的新生家长。

如期开园后，幼儿园没有流失一个老生，新生入园人数也基本持平。幼儿园继续对装修污染保持警惕，密切关注幼儿在园生活，保健医生每天多次巡视，检查幼儿的皮肤及情绪有无异常。当个别家长因为孩子某些不适症状对幼儿园装修表示怀疑时，教师耐心解释并及时上报，由园医及园

① 案例来自周丛笑等编著《幼儿园危机管理策略与实例》，中国轻工业出版社 2018 年出版 . 有改动 .

长出面沟通。

因为幼儿园做好了全员公关的预案，各渠道信息通畅，个别问题都得到了妥善解决，没有造成生源流失，没有发生特殊时期的公众信任危机。

案例分析

在本案例中，幼儿园事先做好了相关的公关预案，通过不同途径与家长群体多次沟通，因此得以在暑假期间顺利装修，并在装修过后平稳过渡。

幼儿园的环保安全问题事关幼儿的身体健康，是家长们最关心的问题，但幼儿园能够顺利装修并且没有发生公关危机，其良好的家长公共关系工作发挥着重大的作用。

首先，幼儿园在装修之前做了充分的准备工作。幼儿园通过家长委员会向家长解释装修的必要性，并邀请家长监督，保证装修的安全性和正规性。同时幼儿园也与施工方及时沟通，保证园所装修的顺利完成和装修后的安全性。其次，幼儿园在装修刚结束后全面考虑了开学事宜。为了保证幼儿的身体健康，幼儿园与家长委员会、部分家长、教育局等公众沟通，并申请延迟开学，还通过媒体宣布相关消息，发布所有证明。另外，幼儿园还重视在过程中对家长的解释沟通工作。最后，幼儿园在开园后密切关注幼儿健康，每天坚持巡视和检查工作，当个别家长表示怀疑时也会由教师、园医和园长出面沟通。

幼儿园在装修前、装修后乃至开园后一直对环保安全问题保持高度警惕，全面考虑幼儿的健康安全问题，出现问题时及时与家长沟通，保证信息的公开透明，因此得以平稳过渡“危险的”装修事件。

第二节　幼儿园的次要公众

对幼儿园的生存和发展具有影响，但不起决定作用，与幼儿园具有一定联系，但又不十分密切的公众，就是幼儿园的次要公众。这类公众包括政府、公众传播媒介、专家学者等，对幼儿园的利益一般不发生直接作用，但在特殊的环境或特定的条件下，次要公众会受环境和条件因素影响转化为首要公众，因此作为幼儿园的管理者应当与之建立良好、健康的公共关系，及时关注次要公众的转变。

一、政府

幼儿园受政府的监督和管理。与政府建立良好的公共关系，增强政府对幼儿园的了解、信任和支持，有利于幼儿园进一步获得政府在资源、政策等方面的支持，增加幼儿园的发展空间，促进幼儿园的发展。

（一）政府即为“把关人”

幼儿园与政府的公共关系主要是指幼儿园与直接领导的教育行政部门及成员的关系。教育行政主要是通过权力限制作用和非权力促进作用实现行政领导和业务领导。权力限制作用包括行政指令和教育立法，非权力促进作用指教育行政主体对行政客体的教育工作给予技术运营上的指导和建议，或提供经费补助。而幼儿园具有很强的公益性，这一性质决定了政府是幼儿园资源与服务的主要供给者，所以与政府建立良好的公共关系是幼儿园长期发展的重要保障措施。

在公共关系中，幼儿园与政府的关系是一种具有特殊性的社会关系。幼儿园面向政府寻求更多的政策支持、资源支持、经费支持及相应的行政权力，而政府部门则要对幼儿园进行全面指导、监督、调控，这是一个共育、共荣、共成长的过程。园所与政府公众建立良好的公共关系主要有以下优势。

1. 有助于及时了解教育政策

幼儿园可通过政府及时了解有关政策的出台、落地和执行，了解本地政府对于国家某一教育政策的执行机制或教育改革措施等。以幼儿园督导评估为例，幼儿园应当细致了解由教育部下发的《学前教育督导评估暂行办法》

《县域学前教育普及普惠督导评估办法》，密切关注所在省、市、区发布的政策具体实施文件，如《北京市幼儿园办园质量督导评估办法（试行）》等。这样可以帮助幼儿园依据国家、市、区政策文本及时调整园所发展战略与相关课程内容，把握整体方向，还能更好地争取相应的支持。

2. 有助于幼儿园公共危机的化解

政府及上级相关部门对政策的理解和执行经验都要远超幼儿园。幼儿园产生重大不良影响及社会舆论等公关危机突发时，管理者应当善于利用有关部门的建议和资源来化解矛盾。如出现媒体争相报道并产生大量舆论的信任危机事件时，幼儿园应第一时间掌握事件真相和证据，及时上报给上级教育部门及其他相关部门，配合有关部门积极解决危机事件。幼儿园在事件可控的状态下提前寻求政府部门的支持和帮助，有助于化解危机。

3. 有利于幼儿园的长期发展

积极落实相关方针政策，与政府建立良好的、相互信任的关系，有助于政府最大化地发挥非权力促进作用，如在政府资源的支持下引入专家，开展各项科研、实践工作，促进幼儿园健康有序发展。

（二）政府关系的“立”与“行”

幼儿园应与政府相关部门及工作人员密切联系，主动争取政府支持，认真听取政府提出的建议与要求，并做到妥善落实。

1. 密切联系

幼儿园应当与政府公众建立良好、健康、透明的公共关系，而非庸俗关系。庸俗关系是指日常生活或经济交往中，利用金钱或职权拉关系、走后门、套私情，为个人谋取好处等不正当的人际交往活动。这种拉关系、走后门建立的公共关系以额外获取不正当的利益为核心，以后续附加利益价值为导向，当不同主体的利益出现分歧时，这段以金钱利益构建的“独木桥”自然就会断裂坍塌。

与政府公众建立良好公共关系的前提就是密切联系、精准沟通。幼儿园要主动向政府相关部门汇报各项工作，介绍幼儿园各方面的发展情况，及时汇报幼儿园最新的政策执行情况和不同时期的发展目标，在寻求沟通的基础上，加强双方的相互理解。

2. 主动争取

政府的非权力促进作用，即政策支持、资源支持、经费支持及相应的行政权力数量有限且珍贵，幼儿园应当学会“主动出击”，与有关部门进行双向沟通：一方面，向有关部门传递幼儿园的真实信息与问题；另一方面，积极获取有关政策信息等的最新资讯。在幼儿园遇到困惑和问题时，主动咨询教育行政部门，争取其协助与指导。

3. 妥善落实

形式主义的实质是主观主义、功利主义，其根源是政绩观错位、责任心缺失，用轰轰烈烈的形式代替扎扎实实的落实，用光鲜亮丽的外表掩盖矛盾和问题。基于形式主义的教育工作执行过程只停留在纸面材料，会导致教育政策在一定程度上的“失灵”；会败坏园所工作风气，对于工作敷衍了事；会形成官僚主义之风，幼儿园实践脱离实际、脱离幼儿，场面轰烈，实则空洞。

面对教育行政部门下达的政策文件及相关任务事项，幼儿园要认真落实，不能为了完成任务而敷衍了事，更不能根据幼儿园能获得多少自身利益来有选择性地执行。

4. 虚心接受

教育行政部门在教育政策执行与落实等方面具有丰富的经验，在这个过程中也会聘请行业内知名的专家学者一同对幼儿园进行评价和指导，针对不同园所的现状提出具体的整改建议。面对教育行政部门的批评指导及整改建议，幼儿园应当虚心接受，积极整改响应，使园所的发展战略和教育目标符合政策文本的精神和方向。

典型案例

案例 6-4　“安吉”来了

安吉游戏具有独特的教育价值，马园长也想将安吉游戏的课程引入自己的幼儿园。但想让安吉游戏真正落地，却面临诸多现实问题：室内外游戏场地需要全面改造；购置安吉教具的资金缺口很大；安吉游戏材料该如何投放，如何引导教师学会放手等。

马园长立即向区教育局寻求帮助。有关部门了解到各幼儿园普遍的愿望和实际困难后，一系列扶持政策密集出台。来自安吉的专家亲自到各幼儿园实地指导工作，一张张草图，一次次修改，力求打造一个适合幼儿学习和游戏的空间。区教育局连续组织几场培训，专家们毫无保留地将安吉幼儿园游戏的发展过程及背后的儿童观、游戏观传递给每一位幼儿教师。区教育局还重点扶持几个试点园，供全区幼儿园开展观摩和教研活动。在政府的大力支持下，区财政拨款统一招标采购了游戏教具，让安吉游戏在各园落地生根。

（案例提供：辽宁省沈阳市浑南区教育局花语幼儿园　马萍萍）

案例分析

案例中的马园长在引进课程的过程中遇到了很多问题。她率先向区教育局传递幼儿园遇到的真实问题，区教育局高度重视，出台了一系列扶持政策。从场地设计到理念培训再到教具采购，政府在全流程中发挥了重要的支柱作用，解决了马园长面临的现实问题。马园长通过主动争取政府支持，与相关部门保持密切沟通，促使安吉游戏在幼儿园内落地生根。

（三）寻求支持：良好关系的维护

幼儿园的长远发展离不开政府的支持，在日常工作中幼儿园要维护与政府良好的关系。

1. 各项活动符合政府政策法规

幼儿园在思想与行动上要与政府保持一致，服从政府的管理与调控，遵守有关法律与法规，贯彻落实并遵守有关方针政策。幼儿园开展的各类大型活动，如传统节日庆祝活动、园所与社区合作的公益活动、园所承担开展的教育培训活动等，应做到“先上报、不隐瞒、不违规、勤沟通”。

2. 妥善处理与政府的利益关系

政府职责是保障每一所幼儿园的教育质量。幼儿园与政府相关部门存在一荣俱荣、一损俱损的利益关系特征，当管辖范围内的幼儿园成为政策改革和实践的“领先者”，成为教育科研的“创新者”，当地政府会尽心尽力“撬动”社会资源的投入，吸引更多的主体参与教育，进而促进幼儿园的发展。

3. 熟悉政府各部门的主要职能

与幼儿园联系的政府部门数量众多，仅在《托儿所幼儿园卫生保健管理办法》中提出的幼儿园卫生保健工作，上级主管部门就有 6 个，除此以外，幼儿园各项经营业务还涉及公安、消防、财政、税务等上级政府主管部门。幼儿园与政府建立良好公共关系的前提就是要熟悉并了解政府各部门的主要职能，只有这样才能根据园所的实际问题“寻医问药”，寻求有关部门的支持。

4. 主动与政府保持稳定的联系

幼儿园在日常工作中也应当主动与政府保持稳定的联系。如在制定办园目标，打造园所文化、特色园本课程，开展重大科研项目时，可以咨询教育行政部门的相关意见，争取得到他们的专业指导和资源倾斜，这样既有利于幼儿园自身相关工作的开展，也可以加强政府管理。

二、公众传播媒介

媒体在幼儿园发展与管理中有着不可忽视的重要作用。媒体的信息传播功能具有渗透性强、传播速度快、覆盖面广的特点，因此对于幼儿园形象的塑造与维护十分重要。如何更好地利用媒体，是每一个幼儿园管理者应该思考的问题。

（一）媒体是把“双刃剑”

媒体是重要的社会资源，以幼儿园为本位，建设好与媒体的关系，是幼儿园公共关系成就的重要标志。[①] 从媒体发布的主体来看，可以分为主流

① 张东娇 . 公众、事务与形象：学校公共关系管理导论［M］. 重庆：重庆大学出版社，2005：205.

媒体，即承担重要的宣传任务和功能、覆盖面广、品牌性强、影响力大的强势媒体，具有高度的权威性；自媒体，即普通大众通过网络等途径向外发布他们看到的、听到的、听说的事件和新闻，具有普及性和个性化的特点。媒体能够发挥正向的宣传作用，包括向社会公众传播幼儿园的各类信息，宣传幼儿园的优势与特点，维护幼儿园的良好形象。但媒体也是一把“双刃剑”，又存在一定的负面传播特点，如夸大报道幼儿园的安全事故，未经了解就报道有关负面信息等。

随着社交媒体的普及，越来越多的家长通过媒体报道来了解幼儿园相关信息，所以幼儿园必须与媒体进行有效的沟通，建立良好的公共关系，最大限度地发挥媒体的正向宣传作用，提高幼儿园的社会声望和竞争力。

（二）媒体关系的“透明”与“切实”

新闻的传递最重要的就是公开透明，讲述事实真相。幼儿园在与媒体建立关系时，“透明”与“切实”同等重要，不论是前期的信任建立，还是建立在公开事实真相之上的舆论引导，每一步都是建立在“透明”和“切实”的基础上。

1. 建立信任

信任是双方合作的基石。“必须建立和维护互相尊重和信任的关系，从业人员和新闻记者在一个互相依赖和互惠互利的关系中运作，在各自的切身利益中，有时作为敌手，有时作为同事，相互合作。”[①] 幼儿园要信任主流媒体的职业操守，为其提供真实有效的信息。而与自媒体之间的信任建立则稍显复杂，一是由于自媒体的话语权较为自由，体现的是账号所有人的思想观念；二是自媒体数量众多，幼儿园无法与所有的自媒体都建立关系。幼儿园可以从地域出发，与在本地本省有较大受众的自媒体建立良好沟通，切实利用新闻媒体的舆论导向功能，帮助社会大众了解事件真相，引导社会大众了解和支持幼儿园工作。

---

① 张东娇 . 公众、事务与形象：学校公共关系管理导论［M］. 重庆：重庆大学出版社，2005：206.

2. 信息公开

幼儿园在与媒体合作的过程中，应保证信息的公开透明，配合做好信息采集、实地采访等。

3. 引导舆论

曾有人把舆论比作洪水猛兽，这是因为互联网将所有人的舆论汇聚在一起，形成了总体的舆论，其力量十分强大，甚至在某些情况下会威胁到事实和理性的存在。幼儿园应设置舆论预警和引导机制，在舆论发生前、中、后都要及时采取相应措施。幼儿园可以咨询和求助教育领域内拥有巨大影响力的意见领袖，如请主流媒体或学前教育专家学者发表中立、客观、理性的观点来引导舆论。

4. 消除谣言

面对失实、夸大、刻意模糊的错误报道，幼儿园与报道媒体双方都应进行针对性的纠正和澄清，针对不实谣言进行官方回应和公开澄清，必要时发布相关证明材料，利用法律的武器保护园所的权益。绝不能抱有顺其自然、任由他去的态度，这样不仅是对幼儿园的不负责任，更是对接受媒体信息的公众不负责任。

（三）尊重事实，正面引导

在与媒体的关系中，幼儿园要提供真实的信息，同时配合媒体方的宣传。

1. 尊重媒体的职业自由

幼儿园要尊重媒体表达的自由，不要过多干涉新闻稿件的题材、语言风格与叙述方式；尊重媒体意见观点的自由，客观看待媒体对幼儿园的评价、观点和建议。幼儿园在提供报道材料时，应客观地对事件进行评价。

2. 提供真实有效的信息

建立良好的媒体关系，最有效的措施就是开诚布公。[①] 首先，幼儿园可以在采访前理清思路，做好充分准备，如为媒体提供相关文字和照片材

---

① 张东娇．公众、事务与形象：学校公共关系管理导论［M］．重庆：重庆大学出版社，2005：206.

料。其次，幼儿园作为接受采访的对象，应当坚持实事求是的原则，不隐瞒，不掩盖，不回避媒体提出的针对性问题。最后，接受采访者要客观陈述，回答内容翔实，表明园所的立场与方向，避免出现模糊的用语。

3. 保障工作过程的便利

幼儿园应当积极配合媒体及工作人员的安排，为媒体提供所需的内容和资料。同时，结合园所实际详细解答媒体的有关疑惑，提供真实的数据和有说服力的案例。

典型案例

案例 6–5 隐瞒掩饰害了谁？①

小太阳幼儿园的一名幼儿在玩耍时不小心摔成骨裂。家长找到幼儿园，得到答复说是幼儿自己摔的，园所不负责任。该家长心有不满，便请在报社工作的亲戚将此事见报。园长认为家长胡搅蛮缠，仗势欺人，非常气愤，决定不予理睬。眼看要到六一儿童节，各媒体要筹划有关稿件，纷纷来园采访。园长躲在家中，并告诫教师什么也不要说。记者们扑了个空，就随机询问园内职工，胆小的不说话，逼急了就说领导不让讲；平时和园长不和的人觉得是个好机会，领导又不在，乘机添油加醋，大发牢骚。几天后，园长来上班，被来访记者和采访电话干扰得无法正常工作。教委主任也打电话批评园长，说有很多记者到教委采访，影响不好。园长又气又恼，冲前来的记者发火，所有行为都见报了。一时间舆论哗然，业内小有名气的小太阳幼儿园陷入一片谴责声里，声誉扫地。

案例分析

本案例中的园长面对媒体一味逃避造成了幼儿园声誉扫地的不良后果，主要是因为园长对媒体特性和公共关系的认识不足。媒体是独立公众，经常持中立态度或态度不明朗，但态度具有极大的可塑性，既可能通过还原真实

---

① 案例来自陈群主编《幼儿园危机管理实务》，中国轻工业出版社 2009 年出版 . 有改动 .

情况使其向顺意公众转化，也可能发生舆论恶化等情况使其向逆意公众转化。首先，幼儿园宜提供事件有关证明材料，使媒体转化为顺意公众。园长自身应保持客观冷静，阐述事实，开诚布公，掌握舆论的主导权。其次，该园长对幼儿园内部管理存在纰漏，幼儿园队伍中人心不齐，在幼儿园遭遇危机之时不仅没有团结起来，更是对幼儿园的形象造成了毁灭性的打击。若媒体没有完全报道真实事件经过，则需要园长第一时间与之取得联系，提供证据，要求删除不实报道，维护幼儿园形象。

对症下药

幼儿园应当与媒体建立并维持良好的关系，维护幼儿园良好的社会形象。幼儿园可成立管理部门专人负责与媒体对接，在本案例中，幼儿园应该做到如下四点。

第一，成立管理部门专门应对。幼儿园相关管理部门应第一时间联系幼儿家长，解释事件的起因、经过、结果，提供相关证据材料，表明歉意，化解家长的愤怒和误解，然后联系媒体，力求快速澄清。若幼儿园没有专门处理媒体危机事件的部门，管理层应当第一时间成立紧急应对小组，制定处理方案。

第二，园长开诚布公。作为幼儿园的责任人，园长更应该站出来说清事实，公开真相，必要时向媒体提供一系列证明材料，还原事件经过。同时向家长和大众表明歉意，表明积极整改的态度，减小对幼儿园的负面影响。

第三，全体职工上下一心。危机当前，园长应向全体教职工公布事件经过、处理方案、预期舆论走向，安抚全体教职工的情绪，稳住军心，力求全园上下一心，不信谣，不传谣。

第四，理智看待舆论走向。幼儿园要理智看待舆论，过度关注舆论会影响教职工的工作情绪和状态，园长可以呼吁教职工减少对该事件评论的浏览和关注，也可以召开员工大会鼓舞士气。

针对事件本身，园长一要反思自己是否因为情绪激进而逃避责任，二要做好相关危机事件的反思、报告，形成新的危机预案并进行演练，三要加强家园沟通，将家园工作作为园所未来几年的重点工作，重拾家长对幼儿园的信任。

三、专家学者

教育质量是幼儿园的生命。为提升园所的教育质量，幼儿园除了要与上级政府、教师、家长携手并进外，还应当借助专家学者的专业力量。

（一）专家学者应为专业领头羊

专家学者能够结合自己的经验和知识，指导幼儿园发展，为幼儿园提供前沿的教育理念、教育方法等，所以幼儿园离不开“专业领头羊”的持续支持。幼儿园应与专家学者建立长期持续的、互利互惠的公共关系，从而以研促教，助力幼儿园教育质量的全面提升。

（二）专家学者的合作与指导

专家学者对于幼儿园的指导可以通过举办讲座、现场指导等，幼儿园应当结合实际情况，吸取和采纳专家学者提出的建议。

1. 培训讲座

专家学者大多采取科研讲座、研修结合的方式，对幼儿园教职员工进行培训，如针对教育政策的解读与执行建议的讲座，也会针对家长进行科普育儿讲座。如某幼儿园结合“幼小衔接”这一主题，邀请知名教授开展为期一周的主题讲座，从幼小衔接的身心准备、生活准备、社会准备、习惯培养和学习准备五大方面进行系统科学的讲解，还对家长就何为科学的入学准备做了介绍。

2. 入园指导

现有研究结果指出，最受幼儿园教师欢迎的是专家现场指导，即根据教师实际的成果进行专业论证，分析与鉴定，为教师提供更精准的指导建议。现场指导通常包括观摩、已有成果汇报、专家点评、提出建议几大环节，如某幼儿园邀请某高校学前教育专业教授对幼儿园环境创设过程进行指导，通过建议、修改、再建议、再修改的多轮次过程，从根本上改善了幼儿环境创设。

3. 科研合作

学术研究人员常开展相应的科研，如针对幼儿园实际存在的家园矛盾、幼小衔接等问题开展研究，针对教师自我效能感、职业倦怠等内容开展研究，针对幼儿园园本课程、特色课程构建等内容开展研究。由于学术研究必须根植一线实践，所以专家学者会寻求幼儿园进行深度合作，吸收幼儿园园长或教师作为项目组成员，获取一线实践的真实数据信息和案例资料，并引导幼儿园在研究中共同发展。幼儿园应抓住机会，在科研合作中促进幼儿园的发展。

4. 开展深度的教研

幼儿园应当积极邀请专家学者定期来园开展教研活动，促进园所教师理解政策，改善教学方法，强化课程体系的构建。同时在以研促教的过程中展示教师专业素质等“软实力”，促进幼儿园质量的提升。

典型案例

案例 6–6　老师们的加油站①

某幼儿园一直试图对幼儿园环境进行特色创设，以室内外区域融合为抓手，试图最大化地利用室内和室外的环境，于是聘请某高校学前教育专业教授进行指导。教授进行了三个阶段的针对性实地指导，尤其对园所课程理念目标与环创是否适配、目前环创存在问题及其整改方案等进行研究。如某中班教师与专家讨论班级环创中的“气象站”，教授指出教师没有从幼儿发展的角度来考虑，没有考虑到中班幼儿的能力，还停留在小班难度水平。教授特别指导教师在布置班级环境时，要考虑本班幼儿的年龄特征和知识经验水平，并且富于启发性。经过六次的实地现场指导、交流讨论、实际整改之

① 王秀文．专家引领下的幼儿园环境创设个案研究［D］．南京：南京师范大学，2018.

后，教师们对“以儿童为中心”的教育理念理解得更加深刻，环创能力得到明显提高，能做到基于幼儿视角来创设环境，主动引导幼儿参与墙面环境创设，园所的环境创设质量明显提高。

案例分析

在本案例中，专家通过实地观察、现场讨论，总结了该园室内外环境应注意的问题，并提出针对性的建议。经过建议、修改、再建议、再修改的良性循环过程，该园教师开始有意识地引导幼儿参与环境创设，如请幼儿为苹果树增加了二维码、活动照片等，形成了基于该幼儿园已有资源的园本课程，并且在环创中呈现幼儿的学习过程，教师从只观看和评价幼儿的作品，变成在幼儿实际操作过程中给予支持，使该园的特色环创达到了良好的效果。

第三节 幼儿园的边缘公众

边缘公众是指对幼儿园的生存发展具有一定作用但影响力较小的公众。幼儿园的边缘公众主要包括社区、其他园所，虽然不直接影响幼儿园，但对于幼儿园的发展也具有重要意义。在特定情况下，边缘公众还可转化为首要公众和次要公众，因此幼儿园要做好相关工作。

一、社区

瑞吉欧课程是体现幼儿园与社区合作的典型案例，主要表现在幼儿园以社区为基础的管理方式上。但我国社区作为基层服务组织，对社区内的幼儿教育参与度较低。幼儿园与社区大多以幼儿志愿服务或参观等形式开展合作教育，频率较低，对社区特有的人力、人文资源利用不够。因此，如何与社区建立良好关系，并利用有限的资源实现幼儿最大化的发展，是每个幼儿园管理者应当思考的问题。

（一）社区拥有重要资源

社区是指聚居在一定地域范围内的人们所组成的社会生活共同体，“是在一定地域内的人群从事经济、政治、科学、文化活动，并由此构成一定的生产关系的小社会”①。

社区关系是学校、幼儿园等组织所在地的区域公共关系，涉及地方社团组织、社区内的其他组织和社区居民。②幼儿园与社区存在着互惠互利、双向服务的关系，幼儿园是社区不可或缺的有机组成部分，而社区是幼儿园赖以存在和可以利用的资源。幼儿园可以为所在社区居民子女提供适龄的教育，满足居民的教育需求。而社区蕴含丰富的人力资源、自然资源、人文资源、组织资源等，可以成为幼儿园的重要资源，助力幼儿的发展。

（二）社区关系中的资源共享与责任承担

幼儿园与社区建立的伙伴关系可以确保托幼机构能获得社区资源，同时也意味着幼儿可以接触到更多的资源，参与多彩的社区活动。幼儿园不仅要有效利用社区资源，也可为社区建设提供资源，承担起社区建设的相关责任。

1. 对社区资源的有效利用

社区是教育资源的宝库，在此以社区人力资源和社区文化资源为例，阐述幼儿园有效运用社区资源的重要性。

社区的人力资源包括社会人士、幼儿家长等，幼儿园可以邀请他们参加各类活动，发挥其职业和经验优势，协助教师组织幼儿园活动。如泉州市直机关金山幼儿园所在小区内有市级机关、老干部活动中心、中学、医疗所、

---

① 卢乐山．学前教育原理［M］．北京：北京师范大学出版社，1991：14.

② 张东娇．公众、事务与形象：学校公共关系管理导论［M］．重庆：重庆大学出版社，2005：178.

福利院等机构，幼儿园经常请小区内的中学教师给幼儿和教师传授生物、地理方面的科学知识，请小区医疗所的医生来园帮幼儿检查身体、向家长宣传科学的保育方法，请警察叔叔来给幼儿讲防火、交通安全的知识。幼儿因主动走向社会，赢得了越来越多的关爱，社区内形成一个共同关心幼儿园发展和幼儿成长的良好氛围。①

社区的文化资源主要由社区内的建筑、服饰、音乐、民俗等组成。幼儿园可以借助这些资源帮助幼儿了解中国传统文化，学习民俗风情等知识。例如广州市番禺区北城幼儿园及其合作园开展了社区传统文化融入课程的探索。在大岭古村主题学习中，幼儿深入场景，发现在大岭村中很多建筑上面都有栩栩如生的鳌鱼石雕艺术品。在与当地老人的交谈中，幼儿了解了中国科举文化、状元的故事，初步理解“行行出状元”的含义，最后幼儿自觉要做生活中的“小状元”，尝试在生活中做好自己力所能及的事情。②

2. 对社区的资源提供

幼儿园可结合实际综合考虑家长和社区公众的需要，调整招生时间、参观时间，设立弹性灵活的接送幼儿时间，主动开放幼儿园图书室、美工坊、舞蹈室、小礼堂等，为社区开展艺术展示活动、艺术体验活动提供专业的场地等。

3. 对社区责任的积极承担

作为社区的一员，幼儿园也要积极承担相应的社会责任。幼儿园教师群体多才多艺，可以积极加入到社区开展的公益活动和精神文明建设工作中去，例如在养老院进行公益演出等，在社区内开展红色理论宣讲等活动，为社区的精神文明建设工作提供内容资源。

4. 遵守社区各项规定，积极参加社区活动

幼儿园参与社区活动是宣传幼儿园的最佳途径，由于幼儿园的招生对象以所在社区及周边社区为主，所以幼儿园应经常与社区取得联系，积极主动地参与社区活动，展示幼儿园的精神风貌、教育理念、教师实力等，

---

① 刘云艳 . 幼儿园组织与管理［M］. 北京：中央广播电视大学出版社，2012：286-287.

② 韦英哲 . 文化育人，润泽童心：广州市番禺区北城幼儿园领衔探索社区传统文化融入课程的新样式［J］. 广东教育（综合版），2021（10）：74-77.

吸引社区公众了解、信任、宣传幼儿园，提升幼儿园在周边区域的知名度和影响力。

二、其他园所

对于幼儿园来说，同行既是可以共同进步的合作伙伴，也是值得学习的有力对手，若是幼儿园与同行之间能建立友好互助的公共关系，相互交流学习、共同进步，那么就有利于推动整个行业的发展，达到共赢的目的。因此，幼儿园应该与其他园所互相帮助，公平竞争，共同进步。

（一）是对手也是朋友

幼儿园的服务内容、服务对象和所处的环境都十分相似，园所之间也有直接或间接的关联，因此会自然而然地形成竞争关系。幼儿园要与其他园所建立友好互助的关系，学习同行的优秀经验，也要发掘自身特色，提高园所质量，保证园所的竞争实力。幼儿园管理者要注重在行业内会议等场合中的形象，良好的园所形象有利于提高园所在行业内的认可度。

（二）园际关系的携手与并进

幼儿园在管理园际关系时，要重视互相交流和学习，坚持良性的竞争与合作。

1. 专业上的学习与交流

幼儿园要与优秀同行定期交流学习，借鉴优秀经验，并反思本园存在的不足，不断提升、完善自身的专业素养和教学质量。同时，幼儿园也可以在条件允许的情况下，承接帮扶任务，与其他园所共同成长。另外，承办不同的专题研讨会、培训交流会也有利于幼儿园与其他园所相互切磋交流。

2. 发展上的竞争与合作

对于友好互助的兄弟园、姊妹园，可以组织交流会，分享最新的国家政策文件和各自的经营管理经验，调整园所发展方向，提高管理效率。

典型案例

案例 6-7 以“异”为美

为合理配置优质教育资源，实现学前教育优质普惠发展，很多幼儿园走上了集团化发展的道路，彩虹幼教集团就是其中之一。为推动集团内各园所同步发展，彩虹幼教集团以优质品牌和先进教育理念为引领，制定共同的教育愿景与目标，实现管理制度、园所软硬件设施等优质教育资源的共建共享。

但是，集团化办园如何充分发挥各园主动性，彰显各园特色，最终促进整体发展呢？彩虹幼教集团在总园长的带领下勇于求变，不断创新。

首先，总园制定了彩虹幼教集团管理手册，所有规章制度各园同步推行。集团实行总园长负责制，各分园执行园长除负责分园工作外，还负责整个集团的专项工作，如集团保教工作、集团后勤工作、集团安全工作等。其次，为确保集团内各园高效运转，彩虹幼教集团制定“一园一品”特色创建实施方案，秉承和而不同的理念，鼓励各园在课程开发、文化创建、教师发展等方面大胆创新，并定期开展集团内展示交流活动，用机制激发创新，使各分园异彩纷呈，总园的“野趣”游戏课程、1 分园的智慧 + 篮球课程、2 分园的健康特色课程、3 分园的艺术家课程等纷纷涌现，集团内各园达到各美其美、美美与共的发展愿景。

（案例提供：辽宁省沈阳市浑南区教育局花语幼儿园　韩湘蕴）

案例分析

本案例中的彩虹幼教集团借鉴了企业的集团化管理方法，开始了幼儿园集团化发展。在总园长的带领下，各分园发挥主观能动性，取得了很好的成绩。

彩虹幼教集团的成功首先在于品牌优质、理念先进，可以实现管理制度、园所软硬件设施等优质教育资源的共建共享，规章制度也是同步推行的，这样有助于各个分园同步发展，减小园所之间的差距。其次，所有分园在总园长的带领下坚持和而不同的理念，大胆创新，定期开展交流活动，保证在基本的质量基础上又各自发展出不同的特色，集团内各分园实现了良好发展。

第七章

幼儿园危机管理

生日蛋糕

楠楠4岁的生日到了，午饭过后，老师将楠楠妈妈带到幼儿园的蛋糕分给了小朋友们。突然，班上的朵朵开始呕吐，把老师和孩子们都吓了一跳。老师立即为朵朵调整体位，清理呕吐物，在园长的带领下将朵朵送往了医院，并通知了朵朵的家长。朵朵的妈妈了解到事情的原委后非常气愤，她早已经告知过老师朵朵乳糖不耐受，平时应仔细注意朵朵的饮食，然而老师还是让朵朵吃了蛋糕。朵朵妈妈认为这完全是老师的责任，除要求老师道歉之外，朵朵妈妈还多次找到园长，要求开除这位老师。而园长认为虽然老师负有责任，但她承认错误态度良好，并及时采取相应措施，所以决定不予开除。因此，园长在与朵朵妈妈沟通时，总是不能给朵朵妈妈一个明确的回复，导致朵朵妈妈更加生气，在家长群里多次提及此事，要求园长给个明确说法，引发家长议论，幼儿园陷入信誉危机之中。

幼儿园是集体生活的场所，安全、卫生等工作关系着广大幼儿的健康与生命安全，同时也牵动着幼儿家长的心。案例中园长在与朵朵妈妈沟通时，并没有给朵朵妈妈一个明确的说法，也没有及时安抚家长的情绪，致使事情越闹越大，引发了其他家长的不满，导致了幼儿园信誉危机。园长应加强对幼儿园危机管理的认识，提高幼儿园的危机预防与处理能力，预防危机事件的发生，保证幼儿健康安全地成长。

第一节　幼儿园危机的类型与应对

幼儿园常见的危机有四种：一日生活危机、卫生保健危机、经营管理危机、公共关系管理危机。不同类型危机的管理方法也不尽相同。

一、幼儿园一日生活危机

（一）幼儿园生活活动中的事故与处理

幼儿园生活活动由入园、饮水、盥洗、如厕、餐点、午睡、离园等构成，这些活动与幼儿身体健康及安全息息相关。其中，物品使用、用餐、午睡、离园时间容易发生危机事件。

1. 生活活动危机类型

（1）物品危机

物品危机指由对幼儿有危险的物品引发的危机，这种危险分为显性危险和隐性危险。

（2）用餐危机

幼儿在餐点环节因嬉戏打闹、食物温度过高、错误的用餐行为、餐具使用错误等会引发一系列用餐危机，如汤食烫伤、窒息等。

（3）午睡危机

午睡危机极易被忽略，但其后果不可小觑。幼儿携带危险物品（剪刀、小刀等）午休，幼儿溜出午休室、梦游，空调使用不当引发幼儿呼吸系统感染等，都属于午休危机。

（4）离园危机

离园危机具体表现由于园所大门管理不当、幼儿交接制度不完善、人员流动性大、教师及家长安全意识弱等引发的幼儿丢失和受伤等一系列危机事件。

2. 生活活动危机的应对策略

生活活动危机管理最有效的措施是建立健全幼儿园生活活动制度，其中晨检制度和幼儿交接制度尤为重要。

（1）建立健全晨检制度

晨检制度主要包括晨检内容、晨检流程和晨检人员职责。晨检内容应包括幼儿身体健康指标检查和幼儿携带安全隐患物品排查。晨检流程应包括保健医生入园检查和幼儿教师入班检查。晨检制度建立后，应对保健医生和幼儿教师进行培训，使其明确晨检目标及责任。

（2）建立健全幼儿交接制度

幼儿交接制度包括门卫管理制度、出入园人员身份核实制度和幼儿出入园报备制度。门卫管理制度规定园门开闭时间，出入园人员身份核实制度能有效排除陌生人入园，幼儿出入园报备制度保证教师及家长实时掌握幼儿动态，防止幼儿走失。

（3）提升幼儿教师安全意识

园所可以通过开展安全教育、张贴安全海报、开办安全知识竞赛等活动，发展教师鉴别安全隐患的能力，提高教师安全意识。

（二）幼儿园教学活动中的意外与预防

1. 教学活动危机的类型

在教学活动中，教师惩戒幼儿的方式、教具的管理、幼儿自身的适应性以及幼儿的行为习惯等因素都是教学活动危机的导火索。

（1）幼儿教师惩罚危机

幼儿教师不正确、不合理的惩戒方式，对幼儿造成心理和生理的负面影响，进而引发家园矛盾，并给园所造成损失的危机，称为幼儿教师惩罚危机。

（2）幼儿入园焦虑危机

幼儿因惧怕、担忧及依赖家人等原因产生入园焦虑，通常表现为哭闹和不安。入园焦虑会对幼儿带来消极影响。

（3）幼儿问题行为危机

幼儿常见的问题行为有攻击、自虐、破坏环境、不遵守规则及逃避社交等。幼儿问题行为既危害他人安全，又阻碍幼儿个性、认知的发展。

（4）教具管理使用危机

教具是辅助幼儿教师展开教学工作的工具。当教师忽视教具的收纳和监管，在幼儿对危险认知能力不高的情况下，就会引发幼儿触电、碰撞或者误食等危机。

2. 教学活动危机的应对措施

教师科学使用教学工具、树立正确的教育理念是应对教学活动危机的关键。

（1）建立健全教具制度

教具制度包括教具使用制度和教具收纳制度。教具使用制度包括教具使用说明及教具使用培训方案。教具收纳制度包括教具监管和教具检修的内容。教具使用制度应强调教师有责任向幼儿讲解教具的正确使用方法及注意事项。

（2）树立科学的教育理念

幼儿教师要关注幼儿心理健康，重视幼儿问题行为的纠正及积极性格的养成。因此，幼儿教师应树立正确的教育理念，掌握科学的教学方法。园所可以组织相关培训及教学能力大赛等来提高教师的理论和实践水平。

（三）幼儿园游戏活动中的慌乱与应对

1. 游戏活动危机的类型

幼儿园游戏活动分为室内游戏活动和室外游戏活动。在游戏活动中，玩具质量、游戏区域布局、游戏活动安排等与游戏活动的安全息息相关。

（1）大型游戏设施危机

大型游戏设施危机指由于幼儿园对大型游戏设施磨损检测不到位、质量检修不及时等引发的一系列危害幼儿安全的突发性事件。

（2）游戏活动组织危机

游戏活动组织危机指由于幼儿教师精力有限、活动场地和时间不合理等导致游戏活动无序、混乱进而引发一系列伤害的突发事件。

（3）游戏区角布置危机

游戏区角布置危机指由于幼儿园区角设置、布局不合理，材料投放不科学及教师疏于管理等，造成幼儿割伤、撞伤、划伤等一系列突发性事件。

2. 游戏活动危机的应对措施

由于游戏活动空间范围广、随意性强的特点，幼儿园在应对游戏活动危机时，可以从游戏环境、教师分工方面着手。

（1）创设安全的游戏环境

游戏区域的面积应满足幼儿游戏需要。游戏材料、设施数量应充足并符合国家标准，避免幼儿争抢、吞食游戏材料等事件发生。同时，园所应定期检修游戏设施，排除安全隐患。

（2）幼儿教师合理分工

在游戏活动环节，幼儿教师应进行合理的分工，明确各自的职责，加强配合。一旦危机发生，要做到各方面联动配合。

法条链接

《幼儿园工作规程》第十五条明确规定，幼儿园教职工必须具有安全意识，掌握基本急救常识和防范、避险、逃生、自救的基本方法，在紧急情况下应当优先保护幼儿的人身安全。这就要求教师掌握基本的急救知识和技能，在意外伤害事故发生时能保护幼儿的安全。

典型案例

案例 7–1　　玩耍中的伤害[①]

在一次户外活动中，韩老师组织孩子们玩大型玩具。过了一会儿，韩老师听见滑梯后面传来叫喊声，走过去一看，原来几个男孩子在平整的橡胶

① 案例来自天跃图书工作室编《幼儿园的 50 个安全管理问题》，福建教育出版社 2015 年出版 . 有改动 .

地板上玩“摞压游戏”。一个小朋友压在另一个小朋友身上，又有几名男孩接二连三压上去，上面的幼儿在开心地大笑，而被压在最下面的乐乐此时表情非常痛苦，大声喊疼。韩老师赶紧上前制止他们，并把乐乐搀扶起来，此时，乐乐的左腿已经不能动弹。韩老师立即叫来了保健医生，紧急处理后把乐乐送到了医院。经过医生检查，乐乐的左腿骨折，需要3个月的治疗期。

案例分析

按国家相关政策要求，幼儿应该具备基本的安全知识和自我保护能力，比如运动时能注意安全，不给他人造成危险。因此，幼儿教师应对幼儿进行安全教育，让他们知道什么是危险的，什么是安全的，什么是对的，什么是错的，发生危险时如何自我保护等。

对症下药

户外游戏活动范围广，幼儿分散，幼儿教师的视线可能一时不能顾及每个幼儿。因此在开展户外游戏活动之前，幼儿教师应该向幼儿讲解游戏设施的正确使用方法及注意事项，明确告知幼儿户外游戏活动中的禁止行为，例如推、挤等。同时，幼儿教师在户外游戏期间要加强巡视，及时纠正幼儿不安全行为。

园所也要定期开展一日生活安全教育及演练活动，帮助幼儿教师掌握幼儿园安全管理制度、安全操作规范及危机紧急处理措施。

二、幼儿园卫生保健危机

（一）幼儿园食品安全中的隐患与排除

幼儿园的食品安全是幼儿园及幼儿家长最关心的问题。食材的选购、储存以及烹饪都是影响食品安全的关键步骤。

1. 食品安全危机的类型

食材是食品安全的核心。幼儿园食品安全的危机可以分为食材选购危机、食材储存危机及食材烹饪危机。

（1）食材选购危机

食材选购危机指由于幼儿园食材选购制度不健全等引发的一系列危害幼儿健康的突发性事件，如幼儿食物中毒。

（2）食材储存危机

食材储存危机指由于库房人员监管制度不合理、食材储存制度不健全等引发的一系列危害幼儿健康的突发性事件，如幼儿突发急性肠胃炎。

（3）食材烹饪危机

食材烹饪危机指由于食材烹饪方法不当或忽视幼儿饮食特点等引发的一系列危害幼儿健康的突发性事件，如幼儿腹泻、呕吐。

2. 食品安全危机的应对措施

幼儿园应该在食品安全危机发生前加强制度保障。危机来临时，园所要首先保护幼儿的健康和安全。其次，园所应进行原因调查，及时与家长沟通。

（1）立即联系保健医生和医院

当发生食物中毒、高温烫伤、食物卡噎、食物过敏等危机时，幼儿教师应该在第一时间联系保健医生进行紧急处理，并拨打 120 急救电话，联系附近医院，为幼儿进行治疗。

（2）封锁现场并保留食物样品

为了方便后期的调查，幼儿园应保护食物样品、烹饪工具、食物原料、烹饪调料等，对幼儿吃剩的食物、所用餐具、呕吐物等进行保留封存。

（3）建立健全食品安全管理制度

幼儿园应在食品安全危机过后，对危机的起因、处理、善后等各个环节进行反思，完善幼儿园食品安全管理制度，加强食材采购、烹饪、食材储存方面的监管，加强对幼儿过敏史等具体情况的关注。

（二）幼儿园伤病保健中的盲区与发现

幼儿免疫力较低、自我保护意识弱等原因增加了幼儿园伤病保健工作的难度，需要教师更加谨慎和细心，否则极易导致伤病保健危机的发生。

1. 伤病保健危机常见类型

幼儿伤病保障危机主要和幼儿园的环境卫生、幼儿园中的安全隐患等因素有关，主要体现为疾病传播、磕碰伤、生病及不正确用药这四方面。

（1）疾病传播危机

疾病传播危机指由于幼儿园对常见传染病没有做到提前预防、尽早干预等，导致传染病大肆传播，进而引发一系列危害幼儿健康的突发性事件。

（2）常见受伤危机

幼儿常见伤害主要有割伤、烧伤、骨折等，若幼儿的伤口得不到及时的处理，就会有感染的风险，影响幼儿身体健康。

（3）幼儿患病危机

急性肠炎、感冒、发烧、咳嗽等一系列常见疾病威胁幼儿的健康，这些疾病与幼儿的生活习惯、饮食、个人卫生有关系，幼儿园需重视这类疾病的预防。

（4）幼儿用药危机

由于信息记录错误、交接不清等，幼儿教师在帮助幼儿用药时会出现药物过敏、剂量不合适等问题，对幼儿的健康造成伤害并引发家园矛盾。

2. 伤病保健危机的应对措施

园所在应对伤病保健危机时，首先要及时医治幼儿，保障幼儿安全。其次，要查清事件原委，安抚家长，防止恶评扩散，在此基础上，及时反思，完善机关制度和流程。

（1）及时医治

当幼儿身体出现异样或受伤时，教师应该在第一时间联系保健医生进行初步医治。在家长同意下，给幼儿服药。若病情严重，幼儿教师应及时将幼儿送往专业医院进行治疗。

（2）安抚家长

当幼儿身体不适或受伤时，教师应该及时联系幼儿家长，向幼儿家长解释事情发展的经过以及幼儿目前的身体状况，耐心、真诚地与家长沟通，安抚家长的情绪。

法条链接

《学生伤害事故处理办法》明确规定，发生学生伤害事故，造成学生人身损害的，学校应当按照《中华人民共和国侵权责任法》及相关法律、法规的规定，承担相应的事故责任。

典型案例

案例 7–2　美味的丧失[①]

中餐过后，大约下午2点，某幼儿园陆续有幼儿出现腹痛、呕吐等症状，至下午5点，共发病40人。当日共有60名幼儿就餐。调查发现，该幼儿园食堂位于一住宅厨房，面积7平方米，未取得卫生许可证，加工场所无功能分区，无纱门，无空气消毒装置，有一台冰箱，内放报纸等杂物，未正常使用。厨房内堆有煤渣，2块砧板无明显标识，洗荤菜、素菜共用一个水池，无消毒设施。炊事员1名，未取得健康证。菜谱中的烤鸭是前一天下午从超市采购的熟食，买回后储存在冰箱的冷藏格内。用餐当日，未经加工，用未消毒的剪刀剪块装入大盘，直接分给幼儿食用。同时，供应米饭2盆，1盆当日中午制作，另一盆是剩饭。

案例分析

从案例中可知，该幼儿园食品卫生监督管理环节存在巨大漏洞，如熟食制作方法不当，剩饭处理不当，食堂卫生不合格，幼儿园法制意识差，

---

① 案例来自陈群主编《幼儿园危机管理实务》，中国轻工业出版社2009年出版．有改动．

幼儿园食品卫生管理不完善等。在此次幼儿集体食物中毒事件中，幼儿园难辞其咎。

幼儿园需要做到两方面工作。第一，强化食品安全意识。园所应定期组织保育员、餐厅工作人员进行与食品安全培训活动，同时还应开展有关《幼儿园工作规程》等专业培训活动。

第二，制定食品安全管理制度。园所食品安全制度中除了一般的规定外，还应包括剩饭处理制度和岗位责任制度，确保园所的食品安全制度的全面性和针对性。

三、幼儿园经营管理危机

科学良好的经营管理是幼儿园可持续发展的关键。幼儿园经营管理有三个重点：生源、师资及幼儿园日常管理。

（一）幼儿园生源

1. 幼儿园生源常见危机

幼儿园的办学环境、办学方针、师资力量等都是导致生源危机爆发的因素。幼儿园的生源危机主要分为生源短缺危机和生源流失危机。

2. 幼儿园生源危机的应对策略

幼儿园可以从提高园所知名度和打造园所核心竞争力两方面来增强园所的吸引力，为幼儿园的长久发展蓄力。

（1）提高园所知名度

幼儿园可以通过提供0—3岁婴幼儿的托育服务、举办社区亲子活动等方式宣传幼儿园，通过增加幼儿园的曝光率和与社区的联系来提高园所知名度，进而储备生源。

（2）打造核心竞争力

幼儿园的独特优势就是核心竞争力。独特优势是区别于他人且不容易被轻易模仿的优势。教育理念、园所建设及师资条件等都是家长在选择幼儿园时所关注的，幼儿园应整合资源，发展优势。园所的核心竞争力越强，对于生源的吸引力就越大。

（二）幼儿园师资

师资力量是幼儿园发展的动力。幼儿园师资的危机管理也是重中之重。

1. 幼儿园师资常见的危机

师资力量包括教师素质、教师结构两方面。教师素质及教师结构是衡量幼儿园师资状况的重要因素。幼儿园师资危机主要体现在师资薄弱、师资流失、师资短缺、师德危机方面。

（1）师资薄弱危机

幼儿教师队伍素质偏低或结构不合理等问题会严重影响先进办园理念的落地及科学教学方式的实施。幼儿园教师以专科学历为主，幼儿教师男女比例失衡，幼儿教师队伍过度年轻化等，都是园所师资薄弱的体现。

（2）师资流失危机

幼儿教师因工作内容繁杂、工作压力大、回报与付出不对等的原因，选择去福利待遇更高的幼儿园甚至离开幼儿教育行业，就是师资流失危机。幼儿教师的流失对园所的可持续发展形成了一定的阻力。

（3）师资短缺危机

由于幼儿教师职业的一系列痛点，导致幼儿园缺乏高素质人才，带来师资短缺危机。

（4）师德危机

幼儿教师需要遵守幼儿教师职业道德规范。当幼儿教师产生角色认知偏差或处于职业认同感低时，就易出现师德内化程度低和职业责任感模糊等危机。

2. 幼儿园师资危机的应对策略

幼儿园在应对师资危机时，一方面可以通过加薪减压，加强园所对幼儿教师的吸引力，另一方面可以拓宽幼儿园的招聘渠道，招聘更多更优秀的教师。

（1）加薪减压

园所应分析教师的岗位职责，合理安排教师的工作量，减掉不必要的工作任务，进而减少幼师压力。薪酬制定按照“同工同酬，多劳多得”的原则。园所可实行稍高于同行业工资水平的薪资以提高工资的吸引力。同时，园内实行薪酬晋升制度，按照教师的工龄、业绩划分等级，等级越高，薪酬福利待遇水平越高。

（2）开发招聘渠道

幼儿园可以开发线上＋线下的招聘渠道。线上渠道有人事招聘信息网站等，线下渠道有人才市场举办的招聘会、学校组织的春秋季招聘会。幼儿园还可和人力资源服务公司合作，让人力资源服务公司去招聘一些行业内知名的幼儿教师。

幼儿园要对教师加强培训。教师培训的内容应该包含专业知识、专业技能、职业道德和职业情感态度，同时，采用理论学习和实践学习相结合的方式，注意培训内容与形式之间的协同性。

（三）幼儿园日常管理

不同发展阶段的幼儿园运营方式不同。选择正确的管理方式预防相关危机非常重要，同时，管理中的危机也很有必要。

1. 幼儿园常见的运营危机

幼儿园常见的运营危机主要体现在资金危机、园所转型危机及幼儿园形象建设危机三种。

（1）运营资金危机

幼儿园的资金来源一般较为单一，尤其是有些园所面临着场地租金年年提高的压力，若没有多样化的资金来源，经营与发展会处于不利境地。

（2）园所转型危机

在国家政策的影响下，许多幼儿园响应号召，纷纷转型加入普惠性幼儿园的行列，部分园所在转型过程中由于政策信息渠道不通畅、教职工焦虑、政府扶持力度不够等原因，面临着转型失败的危机。

（3）幼儿园形象建设危机

形象是幼儿园的软实力，是幼儿园长时间经营和维护的结果。幼儿园的良好形象一旦因负面新闻受损就难以恢复，这对幼儿园的形象是一个沉重的打击。

2. 幼儿园运营危机的应对策略

幼儿园在应对运营危机时，一方面应拓宽资金的筹集渠道，保障资金充足；另一方面，应该站在社会、家长、幼儿及园所的角度，制定科学的发展方案。

典型案例

案例 7–3 幼儿园的谋生之道①

小刘高中毕业后到园所做临时托班教师，并自费进修幼师中专，拿到教师资格证。小刘想转正，却不敢提。她工作5年，从未请假，对加班也无怨言。后来因为外婆去世，小刘要请假。园长很不高兴，说“一个萝卜一个坑”，考勤制度马虎不得，但小刘还是去了。园里按规章制度，扣了当月工资、考勤奖及各种奖金，小刘的工资所剩无几。她嘴上不说，心里却很在意，不久便换了工作。由于心中有怨气，她不打招呼就不来上班了。那天，班里没有老师，临时老师没有经验，有个孩子偷溜出去，撞到栏杆上，缝了两针。园长打小刘电话没人接，一时找不到合适的人来接替，园内工作陷入混乱。

案例分析

案例中的园长没有考虑到刘老师的需求，僵硬地执行幼儿园的管理制度，不通情理。而且，幼儿园没有相应的应急方案，对刘老师的突然离职手足无措，最终引发了混乱。

园所应重视教师的需求，积极创设宽松的精神环境，营造开放的文化氛

① 案例来自陈群主编《幼儿园危机管理实务》，中国轻工业出版社2009年出版．有改动．

围，创造和谐的人文环境，以增强教师的归属感，激发教师工作热情，减少教师流失，做到“事业留人，情感留人，集体留人”。

幼儿园应该重视幼儿教师后备军的培养，制定相应的人员接替制度，制定人员流失应急方案。同时，幼儿园也应重视培养全能型幼儿教师，做到一人可以胜任多岗。

四、幼儿园公共关系危机

（一）幼儿园与媒体的错位与协同

1. 园所与媒体间危机的类型

媒体通过对社会事件的报道，发挥对社会的监督作用，促进社会的进步。园所与媒体间的危机主要分为报道不实危机和舆论扩散危机。

（1）报道不实危机

当事故发生时，幼儿园未及时和媒体进行沟通，媒体在不了解事件的真实情况下对事件进行报道，从而导致社会大众对事件形成错误的认知，对幼儿园产生负面影响。

（2）舆论扩散危机

正所谓“好事不出门，坏事传千里”，负面信息的传播速度极快，而且极易引发社会公众的关注。如果幼儿园的负面舆论未得到及时的平息，会严重影响幼儿园的口碑，给园所带来危机。

2. 园所与媒体间危机的应对策略

园所日常要做好与媒体的交流工作，建立良好的关系。在危机发生时，园所应坚持真实、快速的原则，把握处理舆论危机的最佳时机。

（1）建立良好的媒体关系

园所可设立专门部门负责媒体工作，保证与媒体沟通的及时性。也可邀媒体入园，对园所的社会服务活动、先进事迹、所获荣誉、办园特色等进行宣传，树立幼儿园良好的公众形象。

（2）真实快速回复舆论

时间越长，舆论发酵的势力就越大，负面影响就越大。在危机发生时，园所应快速理清事件的前因后果，明确责任归属，并通过召开发布会等，对事件信息进行真实、一致的回应。

（二）幼儿园与政府的留白与联动

1. 园所与政府间危机的类型

政府具有监督、指导幼儿园的功能。幼儿园与政府之间的危机多由沟通不顺和政策不力导致的，主要体现为沟通危机和政府扶持危机。

（1）沟通危机

通过与政府建立良好的关系，幼儿园既可以把握政策发展的最新动向，又可以获得政府的支持，树立良好的公众形象。反之将导致幼儿园信息滞后，影响幼儿园的发展。

（2）政府扶持危机

政府对有的幼儿园的扶持力度更大、更全面，而对有的幼儿园的扶持力度有待加强，由政府扶持不平衡引发的园所经营难题都是政府扶持危机的体现。

2. 园所与政府间危机的应对策略

（1）尊重政府的督导和管理

园所应遵守政府的规章制度，听取政府建议，服从政府督导与监管，做到在行动上、思想上与政府一致。

（2）建立良好的政府关系

园所应随时关注政策，注重把握政策最新动态，及时调整自身的发展战略。同时，园所应及时向政府汇报其发展规划、实际进展、面临的问题等情况，让政府了解幼儿园，便于政府进行指导并提供支持。

（三）幼儿园与家庭的矛盾与避免

1. 园所与家庭间危机的类型

园所与家庭之间的危机主要包括沟通不畅危机、教育理念冲突危机及信任危机。

（1）沟通不畅危机

家长获取幼儿相关信息的渠道有两个，一个是与幼儿教师沟通，另一个是询问幼儿。由于幼师与家长沟通不及时、幼儿误传的原因引发家长与幼儿园之间矛盾的现象时有发生。

（2）教育理念冲突危机

园所之间经常会存在教育理念的不一致。如根据政府“去小学化”的要求，幼儿园坚持科学的入学准备。但是，家长希望幼儿提前学习小学的文化知识，这样一来，幼儿园和家长之间的教育理念冲突就变得很明显。

（3）信任危机

家长常会依据教师的谈吐、行为及形象来判断教师的能力。当家长认为教师专业能力不够时，教师就很难树立起威信，就会引发信任危机。

2. 园所与家庭间危机的应对措施

在处理家园危机时，幼儿教师应注重树立专业形象。同时，园所应完善家园沟通机制，提供优质的家园沟通平台。

（1）完善家园沟通体系

园所应建立线上线下相结合的家园沟通渠道，如在线下组织亲子活动、家长会、家长沙龙等促进家园沟通。在线上建立家长群，分享幼儿和幼儿园动态，实现实时沟通。

（2）树立教师专业形象

幼儿教师专业性主要体现在教育理念、专业知识、专业技能、职业道德等方面。幼儿园可以通过开展培训及评优活动来提高幼儿教师的专业性。除此之外，幼儿园也应重视幼儿教师外在形象的规范性，展开针对性的培训。

典型案例

案例 7-4　幼儿园的左亲与右邻

成都市武侯区第十三幼儿园是新建公办园，于2018年9月开园，各种实施设备都严格按照上级部门要求配备。每年开学前，由政府采购供货商将新家具送到园。但不断有家长跟班级老师反映，所有的家具都是新的，新家具可能存在甲醛问题，对孩子不好，不愿意将孩子送入园。

为解决这些问题，该园采取了以下措施。首先，高度关注，成立园级安全领导小组，商量应对策略。其次，以人为本，重视家长的诉求，提高家园沟通的效率。最后，民主参与，建立家长联合监督机制。最终，园所的工作得到了家长的肯定，让即将入园的家长消除了对新家具的心理恐慌。

（案例提供：四川省成都市第二十幼儿园　刘文静）

案例分析

案例中的幼儿园不仅成功地解决了家园危机，而且赢得家长更大的信任。首先，该园所具备危机管理意识，及时成立园级安全领导小组。其次，园所重视与家长的沟通，重视安抚家长的情绪。最后，园所建立家长联合监督机制，让家长参与到园所的管理中。

第二节　幼儿园危机管理机制

幼儿园要将危机管理作为常规性、长期性的工作，树立危机意识，建立幼儿园危机管理机制，包括幼儿园危机预防机制、幼儿园危机处理机制、幼儿园危机善后机制，降低危机带来的不良影响。

一、幼儿园危机预防机制

幼儿园危机预防机制包括幼儿园危机监测与幼儿园危机预警，既能够及时监测幼儿园管理的不足，找出幼儿园的潜在问题，又能设计出防范危机的最佳方案，遏制潜在的危机隐患，降低危机发生的概率。

（一）火眼金睛辨危机

幼儿园危机监测能够及时收集相关信息并加以分析和处理，全面监测幼儿园可能会出现的各类危机，并为潜在的危机制定解决方案与对策。幼儿园危机预警则能够对未来可能出现的危机事件进行警示，保证幼儿园能够及时接收到危机信号，并采取措施，减少危机带来的损失。

1. 幼儿园危机监测

幼儿园危机监测是指幼儿园对收集到的相关信息加以分析、研究和处理，全面准确地预测幼儿园可能出现的各种危机情况，捕捉危机征兆，为处理各项潜在危机制定对策，避免出现难以接受的结果。幼儿园管理者应该在幼儿园危机管理团队中挑选人员专门对各种信息进行监测，及时对幼儿园出现的危机进行识别。

幼儿园危机监测的核心工作就是进行信息收集。幼儿园危机的涉及面广，内容杂，因此信息的收集要做到全面化，即扩大收集信息的范围；常态化，即长期性收集信息；制度化，即严格落实幼儿园危机相关的排查制度。与此同时，需要一支专业的队伍作为组织保障，才能实现对信息的有效评估，并决定是否发出预警。因此，必须要提高管理者与教师队伍的素质，如对园长、教师展开危机培训等，使幼儿园管理者与教师能够在不断学习与实践的过程中发展评估幼儿园危机的能力。除此之外，还需注意的是，信息的监测与评估需求要有的放矢，幼儿园危机虽然潜藏在幼儿园生活的方方面面中，但却不是天天发生，人人发生。因此应在幼儿园日常检查中，确立重点关注的预警对象，然后有的放矢地进行危机信息监测与评估，从而提升信息监测与评估的效率。

2. 幼儿园危机预警

幼儿园危机预警是指幼儿园根据内外部环境条件的变化，对幼儿园未来可能出现的危机事件进行警示。幼儿园危机预警的信息包括幼儿园危机事件的类别、发生时间、地点、起因、经过以及可能影响范围等。

幼儿园危机预警的基本步骤包括七步。第一，确定建立危机预警的对象。第二，评估危机风险源、危机征兆、危机征兆与危机爆发之间的关系。第三，根据评估结果确定危机监测的内容和指标临界点。例如，依照幼儿园安全检查制度设立的园舍安全预警指标，应对幼儿园全园范围以及部分领域采用定期和随机检查的方式进行安全检查。如果没有达标，则意味着园舍存在安全隐患，幼儿园危机监测系统需发挥预警作用，立即对园所进行安全排查。第四，确定危机预警种类及相应的资源。例如，对于幼儿因食物卫生引发的危机，幼儿园需建立有关于卫生保健方面的应急预案，保证保健医的从业素质与水平，了解幼儿园附近医院的行进路线，保证幼儿发生危险时，能够第一时间送往医院。第五，评估危机预警的准确度、可信度、稳定性和防护措施等。第六，为幼儿园危机预警机制顺利运转配备专职人员，确定他们的职责、权利和义务。例如在幼儿园成立的危机小组中，主抓安全工作的副园长，应该作为主要责任人担负起教职工联络人的角色，调控不同应急预案中所需要的人员，安排及协助园长主持应急管理会议。第七，加强对预警人员的培训，使他们能够理解危机警报并能根据危机警示做出恰当反应。[①]

典型案例

案例 7–5　　每日总值班预警制度[②]

某园实施每日总值班人员检查制度。每日晨间的幼儿入园时段和下午4点之后的幼儿离园时段，总值班人员必须站在幼儿园大门口迎送家长和孩子，更重要的是进行安全监督和检查。有一次，总值班人员在门口接待家长时，发现有的幼儿比较顽皮，经常在电子门开关时用手抓着电子门或紧靠着电子门，而家长也放任孩子的行为，这容易导致电子门挤压幼儿的手脚，造成安全事故。总值班人员随即向园部汇报，幼儿园针对此提出以下方面整改意见：

---

① 陈群 . 幼儿园危机管理实务［M］. 北京：中国轻工业出版社，2009.

② 案例来自吴邵萍著《幼儿园管理与实践》，江苏教育出版社 2012 年出版 . 有改动 .

1. 在离电子门两侧30厘米的安全距离处分别画上醒目的红线；

2. 在电子门上的醒目位置，贴上“注意安全”的提示文字；

3. 进一步细化保安人员和门房工作人员开关门的操作规范，明确各人应负的安全责任；

4. 总值班人员不仅有责任监督保安和门房工作人员负起安全责任，还要提醒和制止幼儿、家长的不安全行为；

5. 教师要教育幼儿及家长遵守进出电子门时的安全要求，还要在班级开展正确进出大门的练习，以保证本班幼儿及家长执行安全要求。

该园有良好的危机意识，建立了预警机制并保证其执行力度，增强了幼儿园应变力，做到防患于未然。

（二）有条不紊防危机

园长应树立“预防为主，防范胜于抢险”的思想，坚持忧患意识，思考并构筑幼儿园危机安全的第一道防线，对危机保持高度警惕，及时将危机扼杀在摇篮之中。

1. 重视管理队伍建设，细化职责分工

幼儿园危机的预防需要以专业的管理团队为组织保障，既需要幼儿园全体职工的参与，也需要专业人士的加入，从而提高队伍的专业性，提高管理的实效。此外，还要在实践中提升管理队伍人员素质，例如，开展专业的管理培训，吸纳优秀的教师加入管理团队。与此同时，还需明确各自职责。例如，园长作为应急管理的总负责人，担任着决策者的角色，其主要职责为针对不同危机做出应急处理的重要决定，监察及协调应急处理事宜，开展危机阶段性回顾和评价，调节应急管理计划以及相关人员的培训等。在园长的有效调度下，园所内所有教职工担负起自身责任，在危机发生时进行快速处理。

2. 落实预案常态化管理，加强危机预控

危机预案是指提供应付、处理危机事件所需要的人力、组织、方法和措施的一整套方案。这些方案具体包括危机行动计划、危机沟通方案、信息发布方案和利益相关处理等。幼儿园要制定一套科学规范的幼儿园危机管理预案体系，主要包括幼儿危机管理总体预案、专项预案和幼儿园危机管理部门应急预案。然后，依据预案内容进行细致的预案设计。设计的主要流程和环节应包括收集常见危机的信息、依据信息进行分析和预测、制定预警决策、规划预警实施步骤等五方面。

首先，各园要根据相关的理论知识与园所实际情况制定危机预案，并让教职工参与到预案制定的过程中，确保幼儿园全体教职工清楚预案的每一个流程及环节，以及何种类型的危机应使用哪种类型的预案，并能根据预案的安排各司其职，各负其责。其次，严格遵守预案规定，确定演练的频次，并加强预案的演习，在实践中不断对预案进行完善。预案的模拟演练不能流于形式，必须讲求实效，实事求是，发现问题，解决问题。最后，还要注重危机预案的更新与维护。幼儿园预案不可能涵盖全部危机，所以在每次危机发生后都需要对预案进行更新，并对不恰当预案进行调整。

典型案例

案例 7–6　“拆不开”的危机

面对教师人手不足的情况，王园长决定对中三班进行拆班。消息在中三班家长群里炸了锅，然而王园长却一点也不慌乱，因为她已经做足了准备。平时幼儿园经常开展联合游戏，游戏打破了班级界限，所以各班幼儿彼此熟悉。在决定拆班后，幼儿园首先进行了调研，统计了中三班幼儿在中班组的好朋友分布情况。其次，中班组的教师们轮流去中三班带班，熟悉每一个孩子。完成这一系列活动后，王园长与中三班家长开展了面对面座谈，向家长们如实阐述了幼儿园的实际困难，同时也向家长介绍了其他几位优秀的中班教师。家长们慢慢地接受了拆班的方案，并在园长提出的“好友组队”和“抓阄分配”两个方案中选择了“好友组队”的分班方式。第二天，各班都举行了迎接新朋友的欢迎仪式，教师亲手制作的礼物也让孩子们高兴不已。

（案例提供：辽宁省沈阳市浑南区教育局花语幼儿园　来阳）

案例分析

在面对幼儿园的拆班危机时，王园长利用多种措施，循序渐进地化解危机，既安抚了家长，又让幼儿能够在积极的情绪中面对拆班的情况。首先，园长在平时幼儿园组织的游戏中，就十分注意联合游戏的开展，促使各班幼儿都能够彼此接触，彼此熟悉，消除幼儿之间的陌生感。其次，园长及时调研了拆班幼儿的朋友分布情况，为之后分班的方式选择奠定了基础，让幼儿能够在拆班之后快速适应新的环境。最后，园长让中班的教师轮流去中三班带班，促使幼儿熟悉每位教师，这样幼儿在分班后能够快速建立对新班级的认同感与归属感。

此外，园长选择了与家长进行面对面的会谈。一方面，面对面的方式能够进行更加有效的沟通，使园长与家长之间明白彼此的想法，促进互相的理解。另一方面，面谈能够显示出园长对此件事情的重视。园长如实向家长们说明幼儿园目前人手不足的现状，在获得家长理解的基础上，也请家长与幼儿园一起，共同帮助幼儿面对拆班的危机，从而将拆班给幼儿造成的影响降到最小。

二、幼儿园危机处理机制

当幼儿园发生危机之后，园长应及时组织人员奔赴现场，收集关于危机的综合信息，在对调查结果进行评估的基础上，形成书面记录，为制定危机处理方案提供基本依据。

（一）幼儿园危机调查内容

危机调查能增加危机决策所需要的有效信息量，提高危机决策的准确性。危机调查强调针对性和相关性，要求有关证据、记录等准确无误。因此，对于危机的调查可以从以下三个方面入手。

首先，对危机事件产生的原因进行调查。幼儿园在寻找危机发生的原因时，要认真进行危机事件的过程勘察，还要广泛听取危机现场“受害者”“反应者”“旁观者”等的情况介绍与说明。例如幼儿在一日生活活动中发生危机时，园长需调取监控，了解事情发生时的真实情况。同时，园长也应询问幼儿教师、受伤害幼儿以及当时在场的其他幼儿，从不同的方面了解事故的原因，从而明确责任方与事故处理的方式。

其次，对危机事件发生的经过进行调查。幼儿园应还原事发情境，掌握危机过程的全部显露情况，包括危机发生的时间、地点、周围的环境、事件影响范围以及当事人的具体反应等。

最后，对危机事件造成的危害进行调查。幼儿园需了解危机的直接损失和间接损失。直接的损失包括人、财、物的损失，较为直观且易估算，能够为幼儿园的修复与善后提供依据。而间接损失往往为隐形损失，园长有时难以注意到或没有进行及时处理，从而给幼儿园带来更大的危害。例如，在幼儿园发生意外伤害事故危机时，园长除应该关注幼儿的伤势恢复情况之外，也需对幼儿的心理进行疏导，对家长的不满情绪进行安抚。

（二）幼儿园的危机处理策略

幼儿园选择适当的危机处理策略，有助于优化危机处理的效果，减少危机的危害程度。在危机处理过程中，园长需综合运用不同的危机处理策略。

1. 危机中止策略

危机中止策略是指在危机尚未曝光或者负面影响尚不严重之时立刻中止危机诱因的产生。例如幼儿园发生食品卫生安全危机的根源是幼儿园食品的质量出现问题，那么幼儿园就应立即实施中止策略，立即停止使用同一批次的食材，回收已经分配到幼儿园各班级的食物等，主动承担相应的损失，防止危机进一步扩散。

2. 危机隔离策略

危机隔离策略是指将危机的负面影响隔离在最小的范围内，避免造成更大的人员伤亡和财产损失。隔离策略主要有危害隔离和人员隔离两种情形。危害隔离即对危机采取物理隔离的方法，使危机所造成的财产损失尽可能控制在一定范围之内。人员隔离是指幼儿园在危机发生后，应让以园长为首的危机管理队伍专门负责处理危机，让其他人继续从事本职工作，以防止危机对幼儿园正常的运营造成巨大冲击。例如，对于一些具有连锁品牌的幼儿园，在某一个幼儿园发生信誉危机之后，要对该幼儿园进行“隔离”，避免对其他幼儿园造成不利影响。

3. 避强就弱策略

由于危机损害程度强弱有别，在危机一时不能根除的情况下，要选择危机损害小的策略。例如，幼儿园在经历转制危机时，可能会出现大量幼儿教师流失的情况，相比于招纳大量新教师上岗，幼儿园应该做的是建立新型的管理模式与符合转制后幼儿园的管理制度，对留住幼儿教师进行适当的激励，将危机损害程度和担负的相应成本降到最低。

典型案例

案例 7-7 朋友圈里的“烫伤图”[①]

李老师发现有家长发了朋友圈，说孩子在幼儿园烫伤了。家长还称，孩子爸爸及爷爷正在从外地赶回来的路上。班级群里也已经有别的家长询问情况。李老师马上将情况做了报告。

园长听到报告后立即调查事情经过。原来，孩子受伤时间为餐后洗脸环节，当时班上三位老师均在场：一位教师组织幼儿排队，一位教师协助幼儿清洗毛巾，一位教师在消毒整理。突然，明明似乎没站稳，不小心一屁股坐进盛有半桶温水的塑料桶内，教师立即伸手拉他出来。桶口有点小，明明因此腰部擦破了皮。事发后，班主任老师立即通知明明妈妈来园，提出一同带明明去医院检查。明明妈妈来到班级后，见伤势不重，便拒绝了老师的陪同，自己带明明去了医院。可是在去医院的途中，明明妈妈发现伤口出现红肿，以为之前老师所说的擦破皮是在掩饰烫伤，因此十分气愤，就拍了幼儿受伤的图片，并告诉明明爸爸及爷爷，于是出现了开头一幕。

园长在确认幼儿的确为擦伤这一事实之后，开展了以下行动。首先，要

① 本案例来自网络，作者王立群、刘芬，引用时有改动.

求主班老师在家长群中如实阐明事情原委，避免别的家长在信息不完整的情况下盲目猜测，传播错误信息。其次，安排分管安全的副园长和主班老师一起去明明家进行探望，与家长还原事实，表示会与家长一起观察孩子伤口的发展，并在幼儿园生活中照顾好明明。最后，针对幼儿的安全问题，园长再次进行强调，全园开展安全教育，并对幼儿教师开展相应的培训。面对幼儿园的诚恳态度，明明家长也因为孩子伤口红肿的消失而气消了，删除了朋友圈的“烫伤图”。

案例分析

在本案例中，家园危机产生的原因是家长对于幼儿教师的不信任。园长在对危机进行调查的基础上，确认了事情发生的过程，并及时安排教师在家长群中澄清，避免了危机的进一步扩大。同时，园长也能够及时反思，在全园中开展安全教育，提高了园内教职工的安全防范意识，避免同类危机的产生。此外，园长应明确，新媒体技术能够将信息在公共平台中进行大量传播。如案例中的家长将烫伤图发表在朋友圈中，引发群体性焦虑。因此，园长在处理危机的过程中，不能忽视与媒体公众的关系处理。一方面，幼儿园可以指定官方发言人及时澄清事实。另一方面，园长需同时安抚其他家长的焦虑情绪，必要时可以采取第三方检测、鉴定机构介入的方式解决危机。

三、幼儿园危机善后机制

幼儿园危机善后机制主要包括危机后的修复、补偿与问责、管理评估和预案修正、反思和法律维权等内容。幼儿园危机善后工作对幼儿园的形象有重要影响，所以幼儿园应当重视危机后的管理评估。

（一）幼儿园危机评估“四个关键”

对于幼儿园危机事件的评估，主要有四个关键的指标，分别是一致的评估目标、恰当的评估标准、正确的评估认识和科学的评估报告。

1. 设立一致的评估目标

幼儿园危机后的管理评估，是指对幼儿园危机管理本身的有效性进行事后评估，目的在于梳理幼儿园危机管理中的经验和不足，进而不断改进和完善危机管理工作，从而提升幼儿园危机的应对能力。① 对于危机事件评估，园所要预先设立一致的危机预防、预警、应变流程、决策和处理等各方面的评估目标。

2. 选择恰当的评估标准

对幼儿园危机管理工作的评估要包括对突发事件预防工作内容、预警系统组织、应变计划、危机决策和处理等各方面的评估，要详尽地列出突发事件管理工作中存在的各种问题，根据幼儿园常见危机的类型及特征来制定适宜、科学的评估标准。

例如，对危机爆发前的举措进行评估，其标准应当以“预期效果是否达标”为核心内容，具体标准可以包括但不局限于危机预防和控制方案的预判性、有效性和切实性。对幼儿园突发事件爆发后的危机处理过程进行评估，可以包括危机识别的快速性、干预措施的有效性、相关人员反应的灵敏性等具体标准。

3. 统一认识

幼儿园危机管理评估除了关注直接、外显的受损失对象外，还要关注间接、潜在的受损害对象，更要关注影响时效是长期还是短期。评估要结合幼儿园的危机管理预案，参考危机恢复的实际情况，如遇困难应主动向上级部门、专家学者寻求帮助，使危机评估方法和机制更具预见性、全面性、有效性。

4. 撰写科学的评估报告

评估报告是对整个评估流程的总结与反思。科学的危机评估报告应当包括危机事件概述、危机爆发前的危机预警工作、危机爆发中的应急措施、危机善后的影响效果。撰写评估报告时可重点评估危机风险预警工作是否有

① 时松 . 幼儿园管理实务［M］. 南京 : 东南大学出版社， 2016：207.

效，存在什么问题等，关注危机爆发中主要责任人和应急工作人员的应变能力和方法手段如何，危机程度是否恶化，不同主体在善后工作中都发挥了什么作用等。评估报告的撰写应当逻辑清晰、重点突出、详略得当，严格按照危机管理的发生流程进行描述，为以后处理类似的突发事件提供参照。

（二）不确定中的确定：幼儿园危机预案

幼儿园危机预案可以有效预防危机事件的发生并避免恶化。做好危机预案，需要精准规划与设计，仔细评估与选择，不断演练与完善。

1. 危机预案的评估与选择

制定好危机应急预案后，危机管理小组应当对不同类型的危机预案进行评估，更多地关注预案流程和预案效果，考察流程中是否按危机事件发生的不同阶段提出具体细致的应对策略。

如针对幼儿园一日生活活动的应急预案，主要是评估其是否全面，流程是否正确并具有可操作性，是否能有效缓解危机带来的不良影响等内容。危机预案应确保流程清晰明确，应对措施完善，干预效果良好，体现危机管理小组相关成员的分工协作，将工作责任落实到人。

2. 危机预案的演练与完善

危机预案的演练可以将文本化的危机预案真实地呈现，教职工能够借助真实场景切身感受危机，从而掌握有关危机处理的各种技能和知识，更重要的是能检验危机管理预案的实效性和可行性。危机预案的演练要真实并常态化。通过演练发现预案中存在的真实问题后，需进行逐步修改和完善，不断提高危机预案的质量，提高幼儿园危机管理能力和危机处理效率。

从内容上看，危机预案的完善要重点关注：①预警监控系统的设置和相关人员配备，包括管理者与危机管理小组的成员之间的沟通与协作等；②资源包括物资设备、资金预算的补充与调整；③危机管理工作程序的迭代和优化。危机预案的完善是重中之重。由于危机事件的不确定性和突发性，幼儿园要在每一次事件结束后对危机预案进行适当的调整、补充和完善，使其能够适应幼儿园自身及形势的变化。

典型案例

案例 7-8　从 1 到 0：一篇帖子引发的风波[①]

某幼儿园是一所初具规模的民办寄宿制幼儿园，园内硬件设施良好，师资力量较强，在当地有着较好的口碑和影响力。该园园长通过多年的工作，将幼儿园管理得井井有条。

一天，分管后勤工作的副园长突然告诉园长，在当地的“教育视窗”网站论坛上有一篇帖子涉及该幼儿园。园长打开电脑，找到了题为《××幼儿园把孩子的菜打包带回家》的帖子，内容为：“尊敬的园长：我是××幼儿园大三班幼儿的家长，我向您反映一个亟待解决的突出问题：一些老师把孩子的菜打包带回家。此事我一直想对您说。不管怎么说，每个孩子都按规定交了同样的伙食费，不管小孩吃不吃，他们都有权利得到应该得到的那一份。现在的小孩子很懂事，在幼儿园里不敢说，只好回家来讲，还不让我们向老师反映，我们感到很寒心。请园长在百忙之中抽出时间来，整顿一下，让孩子们吃好，不要影响到孩子们的身心健康，要让家长真正放心。”

帖子发于 2 月 3 号，副园长发现这篇帖子时已是第四天了，帖子后已经有数十人跟帖。有的网友说：“这种事也能干出来？真丢脸！不过这在民办幼儿园也正常！”也有网友将信将疑：“应该不会吧，你可以到幼儿园网站上留言，询问这种情况是否属实。”

园长对此事高度重视，调查了相关情况后，便马上在论坛做了答复：“家长朋友您好！今天一早我们幼儿园成立了调查小组，已经对您反映的问题做了细致的调查，现将具体情况反馈给您。我们首先将最近一段时间大三班幼儿用餐全过程的录像做了回放。根据录像，我们没有发现您所述的情况。在幼儿用餐过程中，配班老师一直在教室看护孩子用餐，主班老师在用幼儿园提供的工作餐。而且大三班幼儿的食量非常好，在录像可以看

---

① 案例来自周丹、江东秋主编《卓越园长 21 条幼儿园管理策略》江苏教育出版社 2012 年出版 . 有改动 .

见，保育老师经常跑多趟厨房为幼儿添饭加菜。除此之外，我们还找老师了解了情况，班级老师说：‘我们不会做出这种让人看不起的事情，而且，各班都有摄像头，我们更不可能明知故犯，给自己找这种麻烦。这学期我们唯一一次吃孩子的东西是在迎新年的包饺子活动中，当时班上家长都参加了活动，饺子煮好后，我们先让孩子端一碗送给家长，然后让孩子吃，后来家长邀请我们老师也来分享他们的劳动成果，我们三个老师才一人盛了一碗。’家长朋友，不知道我们给您的反馈能否让您了解事情的原委，对于这件事给您带来的困扰我们深表歉意！我们幼儿园对孩子的饭菜包括点心是不限量提供的，幼儿园厨房里也有备份。如果您还有需要和我们交流的，可以直接拨打我的电话，我的电话号码是……”

自从看到家长发的帖子以后，帖子中涉及的几位教师备感压力，同时也很委屈。她们情绪激动，没办法认真工作，要求园长快点澄清事情的真相，恢复自己的名誉。为了安抚教师的情绪，园长于三天之后又发帖请那位家长到园里说明情况：“家长朋友您好！您在帖子上提到的这件事情我们已经做了回复，不知道您可有关注？现在，我以幼儿园园长的身份，请您来到我的办公室，我们将会为您和老师提供一个交流的平台！我们大三班的几位老师要求幼儿园还她们一个清白，保护她们的声誉。她们说，如果事情属实，会自动辞职，因为做出这种低级、不道德事情的人根本不配为人师表。但是，既然幼儿园做了调查，事情并非如您所陈述的那样，她们就必须为自己澄清。为了能更好地给家长和老师一个交代，我们保留了录像内容，请您配合我们的工作！”

那位家长一直没有现身。园长将此事的全过程在本园网站上公布出来，并从多方面做几位教师的思想工作，帮助老师们解压。同时，园长还带领几位副园长认真地排查了幼儿园其他可能存在的各种风险要素，并制定了相应的应对预案。

专家解读

这个案例可能在当下社会并不少见。家长发了可能“莫须有”的帖子，“涉事”的教师委屈和苦恼，园长代表幼儿园连续跟帖，说明情况，希望家长“站”出来沟通。

案例中值得肯定的有几点：第一，面对家长的“质问”，管理者没有质问教师，而是先了解情况，确认真实信息；第二，管理者主动与线上的“家长”沟通，希望解决问题；第三，管理者及时安抚教师的情绪，并制定了应急预案。

当然，案例也发人深思，有些处理是否得当？比如园长直接面对家长，要求家长还给教师“清白”，“站边”清晰。又比如教师面对班级中的家长“投诉”，没有直面问题。

该案例呈现了当下网络社会经常会存在的现象，如果我们再次面对这样的问题，该如何处理？

当代教师要具有应对复杂家园矛盾的专业素养。面对问题，教师首先要坦然、淡定地去表达，如案例中的帖子应该由教师跟帖，较为妥当，或者直接在班级家长群内交流。其次，园长要有处理舆情危机的能力，事先制定幼儿园舆情处理的各类预案。当事件发生后，既要选择相信教师，也要尊重事实，更要理解家长心态，而非直面地要求“还我清白”。家园处于对立面一定不是解决问题、协同育人的好方式。再次，任何问题总有解决的方法，该案例中即便家长不“出现”，幼儿园可以从教师跟帖（或直面交流）到园所跟帖，温和地表达观点，取得更多（家长）的信任，还原事件。即便没有家长现身，也能达到沟通的目的。最后，教师要理解家长的多样性，不纠结，以更好的专业性服务幼儿，持续得到家长（包括当事人）的信任。

数字化时代已经到来，我们希望的是技术赋能管理，让园所都能依托技术，用好技术。

（上海市静安区安庆幼儿园　温剑青）

出 版 人　郑豪杰
策划编辑　王春华
责任编辑　王春华
版式设计　沈晓萌
责任校对　贾静芳
责任印制　李孟晓

图书在版编目（CIP）数据
幼儿园内部管理智慧 / 秦旭芳, 王亚萍主编. 北京 : 教育科学出版社, 2024. 10. --（幼儿园园长专业发展与保教质量提升丛书）. -- ISBN 978-7-5191-3812-7
Ⅰ. G617
中国国家版本馆CIP数据核字第2024M88A33号

幼儿园园长专业发展与保教质量提升丛书
幼儿园内部管理智慧
YOU'ERYUAN NEIBU GUANLI ZHIHUI

出版发行	教育科学出版社		
社　　址	北京·朝阳区安慧北里安园甲9号	**邮　　编**	100101
总编室电话	010-64981290	**编辑部电话**	010-64989395
出版部电话	010-64989487	**市场部电话**	010-64989572
传　　真	010-64989419	**网　　址**	http://www.esph.com.cn

经　　销	各地新华书店		
制　　作	北京京久科创文化有限公司		
印　　刷	河北鑫彩博图印刷有限公司		
开　　本	720毫米×1020毫米　1/16	**版　　次**	2024年10月第1版
印　　张	14	**印　　次**	2024年10月第1次印刷
字　　数	200千	**定　　价**	46.00元

图书出现印装质量问题，本社负责调换。